الأعمال القصصية

ألكسندر بوشكين

الأعمال القصصية

ترجمها عن الروسية
د. فؤاد المرعي

دار جامعة حمد بن خليفة للنشر
HAMAD BIN KHALIFA UNIVERSITY PRESS

الطبعة العربية الأولى عام ٢٠١٨

دار جامعة حمد بن خليفة للنشر
صندوق بريد ٥٨٢٥
الدوحة، دولة قطر

www.hbkupress.com

حقوق الترجمة © د. فـؤاد المرعي، ٢٠١٨
الحقوق الفكرية للمؤلف محفوظة.

جميع الحقوق محفوظة.
لا يجوز استخدام أو إعادة طباعة أي جزء من هذا الكتاب بأي طريقة بدون الحصول على الموافقة الخطية من الناشر باستثناء في حالة الاقتباسات المختصرة التي تتجسد في الدراسات النقدية أو المراجعات.

الترقيم الدولي: ٩٧٨٩٩٢٧١٢٩٥١٣

مكتبة قطر الوطنية بيانات الفهرسة– أثناء– النشر (فان)

الأعمال القصصية : ألكسندر بوشكين / ترجمها عن الروسية فؤاد المرعي. – الطبعة العربية الأولى. - الدوحة : دار جامعة حمد بن خليفة للنشر ، 2018.

صفحة ؛ سم

تدمك : 978-9927-129-51-3

1. بوشكين ، ألكسندر، 1799-1837. 2. الأدب الروسي -- القرن 19 -- تاريخ و نقد. 3. الأدباء الروس -- القرن 19 -- تراجم.
ب. المرعي، فؤاد، مترجم. ج. العنوان.

PG3350.M57 2018

891.713 – dc23

2018 27086562

إلى الزميلتين الوفيَّتين الدكتورة شهلا العجيلي
والدكتورة علياء الداية
اللتين لولا جهودهما لما وصل هذا الكتاب إلى القارئ.

مقدِّمة
التنوير في أعمال بوشكين النثرية

يمكننا أن نعدَّ عام 1830 عام النضج الروحي والفنِّي لبوشكين. ففي خريف هذا العام أنهى الشاعر روايته الشعرية الشهيرة «يفغيني أونيغين»، وكتب خمسين عملًا شعريًّا ونثريًّا في مختلف الألوان الأدبية، من أهمِّها مجموعة «قصص بيلكين» («الطلقة»، و«العاصفة الثلجية»، و«الحانوتي»، و«ناظر المحطة»، و«النبيلة - الفلَّاحة») التي تجمع بين معارضتها (وهي تتضمَّن أحيانًا سخرية مقنَّعة) للتعابير الأدبية الجاهزة، وبين محتواها الرمزي الفلسفي العميق. إنَّها في الواقع أوَّل عمل نثري واقعي في الأدب الروسي الكلاسيكي. لقد حوت هذه المجموعة، على الرغم من صغر حجمها، بانوراما حياة جميع طبقات المجتمع الروسي آنذاك، وقدَّمت، لأوَّل مرَّة، الحياة اليومية للناس «العاديين» بوصفها عنصرًا مكوِّنًا للتاريخ القومي، ذا أهمية شاملة.

غير أنَّ نضج بوشكين الفنِّي والفكري ترافق وازدياد وحدته وغربته عن الجمهور والنقَّاد بسبب عدم فهمهم لمواقفه الاجتماعية والفنِّية، فحتى بيلينسكي، هذا الناقد العظيم الذي اقترن اسمه باسم بوشكين، لم يفهم «قصص بيلكين» وقال إنَّها «ليست جديرة بموهبة بوشكين أو اسمه، وهي شبيهة إلى حدٍّ ما بقصص كارامزين، غير أنَّ قصص كارامزين كانت ذات أهمية عظمى في وقتها، أمَّا «قصص بيلكين» فمتخلِّفة عن زمانها».

إنَّنا اليوم، وبعد انقضاء أكثر من مئة وستِّين عامًا على موت الشاعر، اتَّضحت خلالها الجوانب الاجتماعية والأدبية لسيرته، وتمَّ الكشف عن الكثير

من العوامل التي لم تكن معروفة من قبل، وتعمَّق فهمنا للأهمية التاريخية والفنِّية لبعض أعمال بوشكين ولإبداعه عمومًا، نعترض على رأي بيلينسكي في «قصص بيلكين»، ونؤكِّد أنَّها عمل جدير بعبقرية بوشكين، كان له دوره الكبير في تطوُّر الأدب الروسي اللاحق على طريق الواقعية والشعبية، فقد جسَّد بوشكين حياة النبلاء في الريف في قصَّته «النبيلة - الفلَّاحة»، وطرح موضوع «الإنسان الصغير» في «ناظر المحطَّة»، القصَّة القريبة جدًّا بموضوعها وفضائها من قصَّة غوغول الشهيرة «المعطف»، التي ستظهر بعد سنوات قليلة. والأمر لا يقتصر على ذلك، فثمَّة في الأدب الروسي في القرن التاسع عشر ظواهر كثيرة تعود في جذورها إلى إبداعات بوشكين الشعرية والنثرية. من ذلك مثلًا، موضوع المدينة الكبيرة وتناقضاتها الاجتماعية، وهو موضوع تجلَّى في قصَّة بوشكين الرائعة «بنت البستوني» على نحو يقودنا بوضوح نحو إبداعات الروائي الروسي العظيم دوستويفسكي، ومن ذلك أيضًا حياة القرية الروسية وبؤس الفلاحين وتذمُّرهم من نظام القنانة.

لقد صار هذا الموضوع موضوعًا مركزيًّا في أعمال بوشكين النثرية في ثلاثينات القرن التاسع عشر، ففي خريف عام 1830 يبدأ في قرية بولدينو كتابة قصَّته «تاريخ قرية غوريوخينو» وهي صورة بانورامية ساتيرية تُظهر الانهيار التدريجي للقرية في ظلِّ نظام القنانة، وفقر الفلَّاحين وتعسُّف الإقطاعيين ووكلائهم، والتمرُّد الفلَّاحي.

وفي عام 1832 يشرع بوشكين في كتابة روايته «دوبروفسكي» التي طرح فيها إلى جانب قضايا كثيرة، مسألة العلاقة بين الفلَّاحين والإقطاعيين. إنَّ «دوبروفسكي» لوحة كبيرة تصوِّر حياة النبلاء في الريف وطباعهم، ويبلغ فيها بوشكين ذروة الاقتدار الفنِّي في تصويره لأمزجة الفلَّاحين الأقنان المعادية للإقطاعية.

وكان من الطبيعي بالنسبة لبوشكين أن يقوده تفكيره في قضايا الفلَّاحين في «دوبروفسكي» إلى الاهتمام ببوغاتشوف، قائد الثورة الفلَّاحية في القرن الثامن

عشر، فزار الأماكن التي وقعت فيها أحداث تلك الثورة (قازان، وأورينبورغ، وقرية بيردسكايا سلوبودا الشهيرة) واستمع إلى كبار السنِّ الذين عرفوا بوغاتشوف، وجمَع الأغاني الشعبية التي نُظِمت حوله، وفي عام 1834 أصدر كتابه «تاريخ بوغاتشوف».

تجدر الإشارة هنا إلى أنَّ بوشكين فكَّر وهو يشتغل على رواية «دوبروفسكي» بكتابة عمل فنِّي يتناول فيه انتفاضة بوغاتشوف، وفي خريف عام 1836 انتهى من كتابة روايته التاريخية «ابنة آمِر القلعة»، التي رسم فيها صورة ساطعة لبوغاتشوف والانتفاضة الفلَّاحية العفوية الواسعة ذات الطابع الشعبي الشامل. فقد اتَّسمت رواية بوشكين التاريخية هذه باتحاد أصيل بين الخيال والأحداث التاريخية الحقيقية المصوَّرة فيها، فكتب عنها الناقد الثوري الديمقراطي بيلينسكي: «إنَّ «ابنة آمِر القلعة» هي «أونيغين» نثرًا. لقد صوَّر فيها الشاعر طِباع المجتمع الروسي في عهد يكاترينا. إنَّ كثيرًا من لوحاتها هي من حيث الصوابية وصدق المحتوى ومهارة التصوير - معجزة في الكمال».

لقد أسَّس بوشكين بأعماله التالية: «تاريخ قرية غوريوخين» و«دوبروفسكي» و«ابنة آمِر القلعة» بداية ذلك الاهتمام بالمسألة الفلَّاحية التي أصبحت منذ الأربعينات محورًا أساسيًّا في الفكر الروسي والإبداع الأدبي للكتَّاب الروس العظماء في القرن التاسع عشر. فكلُّ بطل من أبطال أعمال بوشكين المذكورة يفتح أفقًا مهمًّا من آفاق الحياة الاجتماعية الروسية في القرن التاسع عشر. والتحليل الجريء والدقيق، الاجتماعي والنفسي، للشخصيَّات المجسَّدة في تلك الأعمال يُرغم القارئ على الإقرار بأنَّ الكاتب صوَّر واقع روسيا ذلك الزمن بصدق وعمق مدهشين، فوسَّع بذلك ينابيع الأدب الروسي، وحوَّله إلى عنصر هامٍّ من عناصر الحياة القومية الروسية، وعرض نماذج جديدة لا تُحصى مأخوذة من الحياة الروسية في عصره.

ولا بدَّ من الإشارة هنا إلى أنَّ أعمال بوشكين النثرية، الشديدة الالتصاق بالواقع الروسي، القومية في جوهرها، لا تكتسب أهمِّيتها من كونها تحمل

سمات إثنوغرافية معيَّنة أو تكيل المدائح للشعب الروسي، بل تكتسب تلك الأهمية لكونها اتَّسمت بحرِّية روحية مطلقة، واتَّصفت بطلاقةٍ تسمو اجتماعيًّا وأخلاقيًّا فوق التحزُّب، طلاقة لا يمكن أن تكون إلَّا في الزمان الروسي المتميِّز. وقارئ بوشكين لا يستطيع إلَّا أن يؤكِّد أنَّ بوشكين لم يكن من دعاة المحلِّية أو التعصُّب الطائفي أو المذهبي، بل هو مبدع إنساني النزعة، لم يكتفِ بإنشاء أغنى النصوص بالمحتوى فوق الإثني والطائفي، بل أكسب هذه النصوص أيضًا قدرة إقناع فكرية وأخلاقية وجمالية لا مثيل لها. ففضل بوشكين لا يكمن في أدبية ما أبدعه من شعر ونثر فحسب، بل يتجلَّى أيضًا فيما هو أهمُّ من ذلك بكثير، أعني دوره التنويري الموقظ للوعي الاجتماعي. فإبداعاته تمتلك إلى جانب فنِّيتها العالية، قيمًا أخلاقية سامية تُطوِّر في المتلقِّي إنسانيةَ الإنسان، وتحضُّه على احترام الكرامة الإنسانية.

لقد صار بوشكين عبقرية قومية روسية وعبقرية عالمية بالقدر نفسه، لأنَّه استطاع أن يُعطي العقلانية التنويرية مصداقية المعاناة الشعبية، وأعطى العاطفة والتجربة الشعبية قدرة إقناع التنوير المنطقية. إنَّ لغة بوشكين في أعماله النثرية، هي اللغة التي نُترجم بها، بالقدر نفسه من الحرِّية، المحلِّية إلى إنسانية شاملة، والإنسانية الشاملة إلى محلِّية.

لكنَّ بوشكين، على الرغم من التعاطف العظيم الذي أبداه تجاه معاناة الشعب المضطَهَد، وعلى الرغم من إدراكه التامِّ لظُلم الإقطاعيين وقسوتهم على الفلَّاحين، لم ينظر إلى الانتفاضة الفلَّاحية العفوية وسيلةً ناجعةً لحلِّ التناقضات الاجتماعية في الحياة الروسية، بل رأى فيها قوَّة تدميرية تفتقر إلى مقوِّمات الخَلق والإبداع. وهذا ما دعا عددًا غير قليل من الكتَّاب والنقَّاد في القرنين التاسع عشر والعشرين إلى اعتبار هذا الموقف ضعفًا في نظرة الشاعر إلى العالم، ووهمًا من رواسب انتمائه إلى طبقة النبلاء. ولم يلحظ هؤلاء أنَّ بوشكين، هذا الإنسان الأرستقراطي الذي يكاد يكون أبيقوريًّا في بعض جوانب نظرته إلى العالم، استطاع في إبداعاته الشعرية والنثرية أن يدمج حرمانات

الحياة وصراعاتها ومآسيها، في البنية المنطقية الميتافيزيقية للوجود البشري على هذه الأرض، بطريقة جعلت مشاعر الأسى والحسد والحقد، التي تبدو حتمية، تتحوَّل إلى شعور ناضج راشد بالمصير الفريد الذي يجب أن تحمل معاناته بكرامة.

لم يدعُ بوشكين الناس أبدًا إلى الاستسلام وطول الصبر، بل علَّمهم عزَّة النفس، فجسَّد في إبداعاته، ولا سيَّما النثرية، أسمى المهارات الوجودية الموهوبة للإنسان: إنَّها معرفة اللحظة التي يتحوَّل فيها الصبر من تعبير عن عزَّة النفس إلى تعبير عن عيب الخضوع العبودي، واللحظة التي يتحوَّل فيها نفاد الصبر من تعبير عن غضب العاطفة المهانة المشروع أخلاقيًا، إلى حساسية تاريخية تدفع بالتاريخ القومي نحو انهيارات ومآسٍ لا مثيل لها.

لقد أسند بوشكين لأعماله النثرية وظيفة خاصَّة هي التنوير، الأمر الذي انعكس بوضوح في لغتها وسماتها الفنِّية الواقعية، فهي لم تكن تهدف إلى التحريض على الثورة، بقدر ما كانت تسعى إلى نشر الوعي واكتشاف سمات الواقع التاريخي من خلال دراسة الواقع المعيش، فكان هذا، من دون أدنى شكٍّ، اعترافًا بوشكينيًّا في الأدب الروسي، استند إلى دراسة قوانين الوجود الموضوعية وهي تعمل من خلال سلوكيات أفراد، وفي ظروف تاريخية محدَّدة.

وقد حدَّد بوشكين نفسه طريقته هذه بقوله: «إنَّها بحث عميق وشريف وجادٌّ عن الحقيقة»، وتحليل «لتناقضات الوجود الأبدية» التي تكوِّن الحياة. إنَّ هذه الطريقة التي تدرس الظواهر المحدَّدة من خلال قوانين الحياة الإنسانية الشاملة منحت أعمال بوشكين وجوهًا لا حصر لها وجعلتها «معاصرة أبدًا» وذات دلالات عميقة ومتعدِّدة، صاغتها عبقريَّته صياغة لا مثيل لها في انسجامها وكمالها وتماسكها وجمالها.

أضِف إلى ذلك أنَّ هذه الطريقة مكَّنت بوشكين من تجسيد نظرته إلى الإنسان الفرد بوصفه عضوًا كامل الحقوق، فاعلًا في التاريخ الإنساني الكبير، وحرًّا في سلوكه، ومسؤولًا عنه. وهنا تكمن جذور إنسانية بوشكين ومواطنيته

وسموُّه الأخلاقي وصدقه وواقعيته وشعبيته، التي برزت في أعماله وصارت تقاليد راسخة في واحد من أعظم آداب العالم، هو الأدب الروسي.

إنَّ أعمال بوشكين النثرية التي وضعت الأسس لكلِّ الألوان النثرية في الأدب الروسي بدءًا من أدب الرحلات إلى الخواطر، فالرواية والرواية التاريخية والقصَّة والقصَّة الفلسفية، هي بداية تكوُّن منظومة روحية خاصَّة، وظاهرة تاريخية حضارية جسَّدها عباقرة الأدب الروسي في القرن التاسع عشر بإبداعاتهم التي ناقشت الأسئلة الكونية من خلال المسائل الروسية، بدرجة من الجرأة والحرية والعمق لا مثيل لها في أيِّ أدب آخر.

قد يظنُّ القارئ العربي أنَّنا نبالغ في تقويم أعمال بوشكين النثرية، وله الحقُّ في ذلك. فمؤسَّسات النشر العربية، وكذلك الروسية المهتمَّة بترجمة الأعمال الإبداعية والنقدية إلى اللغة العربية، قدَّمت بوشكين شاعرًا قوميًّا لروسيا، وهو كذلك بالتأكيد، ولم تولِ إبداعاته النثرية حقَّها من الاهتمام، ربما لأنَّها وجدت أنَّ صفة الشاعر هي الصفة القائدة في شخصية بوشكين، أو لأنَّ اهتمام النقَّاد في القرن التاسع عشر والعشرين بأعماله النثرية لم يكن بالمستوى الذي تستحقُّه، بسبب عدم فهمهم لمواقفه الاجتماعية التنويرية وطريقته الفنِّية الواقعية. يُضاف إلى ذلك أنَّ ترجمة بعض أعمال بوشكين النثرية جرت بطريقة انتقائية تعسُّفية، وقام بها مترجمون لا نُنكر موهبتهم ومهنيَّتهم الرفيعة المستوى، ولكنَّهم فعلوا ذلك إمَّا عن طريق لغة وسيطة (ترجمة سامي الدروبي لرواية بوشكين «ابنة آمِر القلعة» مثلًا) وإمَّا باحترافية بدت حريصة على المعنى المعجمي، من دون مراعاة طريقة استخدام هذه الصياغة اللغوية أو تلك. ونحن نعني هنا، قبل كلِّ شيء، نقل السمات الفنِّية - الأدبية للنصِّ البوشكيني (ترجمة أبو بكر يوسف لرواية بوشكين «دوبروفسكي» مثلًا).

صحيح أنَّ السمات الموضوعية للعمل الأدبي تحدِّد خصائص نقله اللغوية، ولكنَّ الأمر لا يتمُّ بهذه البساطة، بل هو يزداد تعقيدًا بسبب عوامل ذاتية، منها قدرة المترجم على إعادة تجسيد العمل المترجم بلغته القومية،

وموقفه من القيم الفنِّية والروحية في النصِّ الذي يترجمه. فإذا كانت المعطيات الموضوعية تتحدَّد، قبل كلِّ شيء، بطبيعة العلاقة بين العمل المترجَم والقواعد المعاصرة في الأدب القومي للمترجِم، فإنَّ المعطيات الذاتية تجد تعبيرها من خلال العلاقة بين الذوق الأدبي والجمالي للمترجِم، وبين الخصائص الفكرية والجمالية للأصل الذي يقوم بترجمته.

من هذا المنطلق، تجرَّأت فأعدت النظر في أعمال بوشكين النثرية التي تمَّت ترجمتها، لا سيَّما وقد مضت على تلك الترجمة عشرات السنين، لا بل تجرَّأت فترجمتُ الإبداعات النثرية لبوشكين كلِّها، فالمكتبة العربية بحاجة شديدة إلى هذه الأعمال وما يماثلها في عصر العولمة والصرعات الفنِّية الداعية إلى التخلِّي عن وظيفة الفنِّ التنويرية الاجتماعية والأخلاقية، بحجَّة الدفاع عن حرِّية الفنِّ وإطلاق قدرة الخيال عند الفنان على الخلق والإبداع، وكأنَّ التنوير الاجتماعي والأخلاقي يقيِّد الفنَّ، وكأنَّ الواقعية تحول بين الخيال عند الفنان والقدرة على الخلق والإبداع!

د. فؤاد المرعي
2018

قصص بيلكين

السيِّدة بروستاكوفا:
ذاك، يا صاحبي، يحبُّ الحكايات
منذ نعومة أظفاره.
مكوتينين:
متروفان يعجبني.
من كوميديا «المتخلِّف عقليًّا»
فون فيزين

العنوان الكامل هو: «قصص المرحوم إيفان بتروفيتش بيلكين». كُتبت هذه المجموعة القصصيَّة في شهري أيلول (سبتمبر) وتشرين الأوَّل (أكتوبر) من عام 1830 في قرية بولدينو. وهي، من حيث المضمون، تتَّحد مع قصَّة «تاريخ قرية غوريوخينو» التي فكَّر بوشكين في كتابتها في الوقت نفسه، لكنَّه لم يُكملها. ويظهر الترابط بين العملين في القسم الأوَّل من «تاريخ قرية غوريوخينو» ومقدِّمة

«قصص المرحوم إيفان بيتروفيتش بيلكين» التي تتضمَّن سيرة حياة بيلكين (كاتب القصص المتخيَّل).

من الناشر[1]

حين شرعنا نسعى لإصدار قصص إي. ب. بيلكين التي نقدِّمها اليوم للجمهور، رغبنا في أن نضمَّ إليها، لو بإيجاز، سيرة حياة مؤلِّفها المرحوم، فنُرضي جزءًا من الفضول المحقِّ لمحبِّي الأدب الوطني. ومن أجل ذلك توجَّهنا إلى ماريا إليكسييفنا ترافيلينا، أقرب أقارب إيفان بتروفيتش بيلكين ووريثته، لكنَّها، للأسف، لم تستطع أن تقدِّم لنا أيَّة أخبار عنه، لأنَّها، أصلًا، لم تكن تعرفه، ونصحتنا أن نتوجَّه بهذا الموضوع إلى رجل محترم كان صديقًا لإيفان بتروفيتش. اتَّبعنا هذه النصيحة وتلقَّينا ردًّا على رسالتنا، الجواب المطلوب المدوَّن أدناه، وها نحن نورده من دون أيَّة تعديلات أو ملاحظات، بوصفه شاهدًا ثمينًا على الرأي النبيل والصداقة المؤثِّرة، وإعلامًا كافيًا جدًّا عن حياة الرجل.

سيِّدي المبجَّل...

تشرَّفت في الثالث والعشرين من هذا الشهر باستلام رسالتكم المحترمة المؤرَّخة في الخامس عشر منه، وفيها تعبِّرون عن رغبتكم في الحصول على معلومات مفصَّلة عن تاريخ ميلاد المرحوم إيفان بتروفيتش بيلكين الذي كان صديقي الحميم وجاري في السكن، وعن عمله الوظيفي، وظروفه العائلية وهواياته وطبعه كذلك. إنَّ من دواعي سروري العظيم أن أنفِّذ رغبتكم هذه فأكتب إليكم، يا سيِّدي المبجَّل، كل ما أستطيع تذكُّره من أحاديثه ومن ملاحظاتي الخاصَّة أيضًا.

وُلد إيفان بتروفيتش بيلكين لأبوين شريفين ونبيلين في عام 1798 في قرية غوريوخينو. كان أبوه النقيب المرحوم بيتر إيفانوفيتش بيلكين

(1) بوشكين

متزوِّجًا من السيِّدة بيلاغيا غافريلوفنا من عائلة ترافيلين. لم يكن ثريًّا، بل متوسِّط الحال، ولكنَّه كان مدبِّرًا ذكيًّا في إدارته لأعماله. وقد تلقَّى ابنهما تعليمه الأوَّلي عند كاهن القرية. ويبدو لي أنَّه يدين لذلك الرجل المحترم بحبِّه للمطالعة واهتمامه باللغة الروسية. في عام 1815 تطوَّع للخدمة في فوج مشاة يغيريسك (لا أذكر رقم الفوج) وظلَّ فيه حتى عام 1823. وقد أجبرَته وفاة والديه في وقت واحد تقريبًا، على الاستقالة والعودة إلى قرية غوريوخينو، مسقط رأسه.

بدأ إيفان بتروفيتش إدارة أملاكه، ولكنَّه، بسبب انعدام خبرته ورقَّة قلبه، سرعان ما أهمل المزرعة وأضعف النظام الصارم الذي فرضه فيها والده المتوفَّى. عزل كبير الفلَّاحين الحازم الناجح في عمله، الذي كان الفلَّاحون، كعادتهم، غير راضين عنه، وكلَّف بإدارة القرية مدبِّرة منزله التي اكتسبت ثقته ببراعتها في رواية الحكايات. لم تكن هذه العجوز الغبية تفرِّق أبدًا بين ورقة نقدية من فئة الخمسة وعشرين روبلًا وبين أخرى من فئة الخمسين روبلاً، أمَّا الفلَّاحون، الذين كانت زميلتهم كلهم، فما كانوا يهابونها، وقد انتخبوا رئيسًا لهم متساهلًا معهم ومتآمرًا على المالك، في الوقت نفسه، ما اضطرَّ إيفان بتروفيتش إلى إلغاء السخرة وفرض ضريبة معتدلة للغاية، ولكن هنا أيضًا، استغلَّ الفلَّاحون ضعفه فطلبوا في العام الأوَّل تخفيضًا محدَّدًا ثم صاروا، في الأعوام التالية، يدفعون أكثر من ثلثي الضريبة العينية، ثمار جوز أو توت برِّي أو ما شابه، ومع ذلك لم يكونوا يدفعون كامل المطلوب منهم.

وقد وجدت من واجبي، لأنِّي كنت صديقًا للمرحوم والد إيفان بتروفيتش، أن أقدِّم له نصائحي، فدعوته أكثر من مرَّة إلى استعادة النظام الذي افتقده في العمل، ومن أجل ذلك طلبت، حين زرته يومًا، سجلَّات المزرعة، واستدعيت رئيس الفلَّاحين المحتال، ورحت أدقِّقها في حضور إيفان بتروفيتش. في البداية، انتبه الملَّاك الشاب أقصى ما يمكن الانتباه لعملي، ولكن، حين ظهر في الحسابات أنَّ عدد الفلَّاحين قد ازداد في العامين الأخيرين، وأنَّ عدد الطيور المنزلية والحيوانات الداجنة قد تناقص

بشكل واضح، اكتفى إيفان بتروفيتش بذلك، وكفَّ عن الإصغاء إلى كلامي، وفي اللحظة التي أوصلت فيها رئيس الفلَّاحين المحتال، بتفتيشي الدقيق وأسئلتي الصارمة، إلى الاضطراب التامِّ وأرغمته على الصمت، سمعت، ويا للأسف إيفان بيتروفيتش يشخر شخيرًا عاليًا في مقعده. منذ ذلك اليوم كففت عن التدخُّل في أمور مزرعته، وتركت أعماله، وهو نفسه أيضًا، في رعاية الربِّ تعالى.

بالمناسبة، لم يفسد ذلك أبدًا علاقتنا الودِّية، لأنِّي، في الوقت الذي كنت فيه ألوم ضعفه وإهماله المدمِّر، الذي هو صفة عامَّة من صفات نبلائنا الشباب، كنت أحبُّه حبًّا صادقًا، فقد كان من غير الممكن ألَّا تحبَّ إيفان بتروفيتش الشابَّ المتواضع والشريف جدًّا. وقد أبدى إيفان بتروفيتش، من جهته، احترامًا لسنِّي وكان يميل إليَّ بإخلاص، وبقي حتى وفاته يسعى للقائي يوميًّا تقريبًا، ويحرص على سماع أحاديثي البسيطة، على الرغم من أنَّنا لم نكن متشابهين في القسم الأعظم من عاداتنا ونمط تفكيرنا وطبعنا.

عاش إيفان بتروفيتش حياة غاية في الاعتدال، كان يتجنَّب الإسراف في كل شيء، فلم يحدث أن رأيته يومًا ثملًا (وهذا يمكن أن يعدَّ في نواحينا معجزة من المعجزات) وكان يميل ميلًا عظيمًا إلى جنس النساء، ولكنَّ خجله كان، بصدق، كخجل البنات.[1]

ترك إيفان بتروفيتش، إلى جانب القصص التي تكرَّمتم بذكرها في رسالتكم، كثيرًا من المخطوطات التي يوجد عندي جزء منها، وثمَّة جزء استخدمته مدبِّرة المنزل لأغراض شتَّى. ففي الشتاء الماضي، مثلًا، ألصقت نوافذ بيته بأوراق الجزء الأوَّل من رواية لم يكمل كتابتها. ويبدو لي أنَّ القصص المشار إليها أعلاه هي بواكير أعماله.

إنَّها، كما علمت من إيفان بتروفيتش، صادقة في معظمها، سمعها من

(1) تلا ذلك نكتة أسقطناها من النصِّ مفترضين أنَّها زائدة، ولكنَّنا نؤكِّد للقارئ، على كلِّ حال، أنَّها لا تتضمَّن أيَّ شيء يسيء إلى ذكرى إيفان بتروفيتش بيلكين. (المؤلِّف)

أناس مختلفين.[1] غير أنَّ الأسماء الواردة فيها مختلَقة جميعها تقريبًا، أمَّا أسماء البلدات والقرى فمستعارة من منطقتنا، وهذا هو سبب ذكر اسم قريتي أيضًا في مكان ما منها. ولكنَّ ذلك لم يكن نتيجة نيَّة شريرة، بل إنَّ سببه الوحيد هو ضعف الخيال.

في خريف عام 1828 أُصيب إيفان بتروفيتش بنزلة برد تحوَّلت إلى حمَّى، ومات، على الرغم من الجهود الخارقة التي بذلها طبيب منطقتنا، وهو رجل بارع جدًّا، تحديدًا في معالجة الأمراض المزمنة كالدمامل وما شابه ذلك. تُوفِّي إيفان بتروفيتش بين يديَّ في الثلاثين من عمره، ودُفن في كنيسة بلدة غوريوخينو إلى جانب والديه المرحومين.

كان إيفان بتروفيتش متوسِّط القامة، عيناه رماديتان، شعره أشقر، أنفه مستقيم، وجهه أبيض، ناحل القسمات.

هذا يا سيِّدي العزيز، كلُّ ما استطعت تذكُّره عن نمط حياة جاري وصديقي المتوفَّى، وأعماله، وطبعه، ومظهره. ولكِّني أرجوكم بكلِّ تواضع، ألَّا تذكروا اسمي بأي حال من الأحوال، إذا ما فكَّرتم في استخدام رسالتي هذه لأي غرض من الأغراض، لأنِّي، على الرغم من احترامي الشديد وحبِّي لمؤلِّفي القصص، أعتقد أنَّ إدراج اسمي بين هؤلاء أمر زائد لا قيمة له، أضف إلى ذلك أنَّه غير لائق برجل في مثل سنِّي. مع صادق التقدير والاحترام.

16 تشرين الثاني (نوفمبر) من عام 1830

بلدة نينارادوفو

---

(1) هذا صحيح، ففي أعلى الصفحة الأولى من مخطوط كلِّ قصَّة كتب السيِّد بيلكين بخطِّ يده: سمعت هذه القصَّة من فلان (يذكر اسم رتبته أو لقبه والحروف الأولى من اسمه وكنيته) وها نحن نُورد أدناه للمدقِّقين الفضوليين ما دوَّنه: «ناظر المحطَّة» رواها له المستشار من الدرجة التاسعة آ.غ. ن.، «الطلقة» رواها المقدَّم إي. ل. ب، «الحانوتي» رواها الوكيل ب. ف.، «عاصفة ثلجيَّة» و«النبيلة» روتهما الفلَّاحة ك. إي. ت.

لقد رأينا أنَّ من واجبنا الالتزام برغبة الصديق المحترم لكاتبنا، وشكره شكرًا عميقًا على ما قدَّمه لنا من معلومات، آملين أن يقدِّر الجمهور ما تعبِّر عنه من صدق وطيبة قلب.

الطلقة

تبادلنا إطلاق النار.

من قصيدة «الحفل الراقص»

باراتينسكي

لقد أقسمت أن أقتله بالرصاص في مبارزة

(ما زال مدينًا لي برصاصة)

من مسرحية «أمسية في المعسكر»

بيستوجوف - مارلينسكي

في تسلسل أحداث هذه القصَّة سمات من السيرة الذاتية، فبوشكين حين يصف المبارزة بين سيلفيو والأمير ب.، يتحدَّث عن المبارزة التي خاضها هو في عام 1822 في كيشينيوف مع الضابط زوبوف. المعلومات عن تلك المبارزة تقول ما يلي: «جاء بوشكين لمبارزة زوبوف ومعه كرز برِّي صار يأكله منتظرًا أن يُطلق

خصمه النار. زوبوف أطلق النار أوَّلًا فأخطأ الهدف. أمَّا بوشكين فغادر المكان من دون أن يُطلق النار أو يتصالح مع زوبوف».

1

أقمنا مخيَّمنا في بلدة ---. حياة الضابط في الجيش معروفة. تدريبات في الصباح، ثم ركوب خيل، وبعد ذلك غداء على مائدة قائد الفوج أو في حانة يهودي، وفي المساء سُكْر وقمار. لم تكن في بلدة --- أية دار تستقبل الضيوف، ولا أية صبيَّة في سنِّ الزواج. كنا نلتقي بعضنا عند بعض، حيث لا نرى غير رجال في الزيِّ العسكري.

لم يكن في مجتمعنا غير رجل مدني واحد. كان عمره يناهز الثلاثين عامًا، ولذا كنَّا نعدُّه رجلًا عجوزًا. وقد منحَته خبرتُه التفوُّق علينا في كثير من الأمور. كما كان لعبوسه المألوف، وطبعه الحادِّ، ولسانه اللاذع، تأثير قويٌّ في عقولنا الفتيَّة. ثمَّة غموض كان يغلِّف حياته، فهو يبدو روسيًّا ولكنَّه يحمل اسمًا أجنبيًّا. خدم في سلاح الفرسان فترة ما، وكان موفَّقًا في خدمته، ولا أحد يعرف السبب الذي دفعه إلى الاستقالة والإقامة في هذه البلدة الفقيرة، حيث عاش حياة تقتير وتبذير في الوقت نفسه، يتنقَّل دائمًا سيرًا على الأقدام، في معطف أسود مهترئ، ولكنَّ مائدته كانت دائمًا مفتوحة لجميع ضبَّاط فوجنا. صحيح أنَّ الغداء الذي كان يقدِّمه مؤلَّف من طبقين أو ثلاثة أطباق يُعدُّها جندي متقاعد، غير أنَّ الشمبانيا كانت تسيل كالنهر على مائدة الغداء. لا أحد كان يعرف ثروته أو مصادر دخله، ولا أحد تجرَّأ فسأله عن ذلك. كانت عنده مكتبة، معظم كتبها عسكرية أو روايات، يعيرها عن طيب خاطر لمن يرغب في قراءتها، ولا يطالب أبدًا باستعادتها، وفي المقابل لم يكن، إذا استعار كتابًا، يفكِّر في إعادته لصاحبه. كان شغله الرئيس التدرُّب على الرماية بالمسدَّس. جدران غرفته كلُّها مثقوبة بالطلقات، الحُفَر فيها كبيوت في خليَّة نحل. وكانت مجموعة المسدَّسات

الثمينة مظهر الثراء الوحيد في موزاييك المكان البائس الذي يعيش فيه. وقد بلغ في الرماية مهارة خارقة، فلو أراد يومًا أن يرمي إجاصة عن قبَّعة أحدهم، لما تردَّد أي واحد من فوجنا في وضعها فوق رأسه. كانت أحاديثنا في معظمها عن المبارزات، ولم يكن سيلفيو (سأطلق عليه هذا الاسم) يشاركنا تلك الأحاديث أبدًا. فإن سُئل إذا حدث أن اشتبك في مبارزة، أجاب بجفاف أنَّ ذلك حدث، من دون أن يدخل في التفاصيل، وبدا عليه بوضوح أنَّ هذا النوع من الأسئلة لا يروق له. لذا خمَّنَّا أن ضميره يحمل وِزر سقوط أحدهم ضحيَّة تعيسة لمهارته الفظيعة. وبالمناسبة، لم يخطر في بالنا أبدًا أن نظنَّ فيه الجبن. ثمَّة أناس ينفي مظهرهم وحده مثل هذا الظن. لذا أذهلنا جميعًا ذلك الحادث الطارئ.

كنَّا نحو عشرة من ضبَّاط الفوج نتناول الغداء عند سيلفيو. شربنا كالعادة، أي، كثيرًا جدًّا، وبعد الغداء رحنا نرجو سيِّد الدار أن يشاركنا في لعبة قمار. تمنَّع طويلًا، فهو لم يكن يلعب القمار إلَّا نادرًا، ولكنَّه أمرَ أخيرًا بإحضار ورق اللعب، وألقى على الطاولة قطعًا نقدية بقيمة خمسين روبلًا، ثم جلس يوزِّع الورق. تحلَّقنا حوله وبدأت اللعبة. كان من عادة سيلفيو أن يظلَّ صامتًا في أثناء اللعب، فلا يجادل خصمه أو يستفسر عن شيء. وكان إذا وقع خطأ من أحدهم في المبلغ المطروح للرهان يسارع إلى سدِّ النقص أو تسجيل الزيادة. كنَّا نعرف ذلك عنه، ولم نكن نمنعه من التصرُّف على طريقته، ولكنَّ ضابطًا نُقل إلى فوجنا حديثًا، أخطأ في أثناء اللعب فزاد مبلغ الرهان من دون قصد، فأخذ سيلفيو طبشورة وسوَّى الخطأ كعادته. لكنَّ الضابط ظنَّه ارتكب خطأ فانبرى يشرح له ذلك. غير أنَّ سيلفيو تابع توزيع ورق اللعب في صمت. نفد صبر الضابط فأخذ ممحاة ومحا ما بدا له أنه دُوِّن خطأً، فأمسك سيلفيو بالطبشورة وأعاد كتابة ما محاه. فشعر الضابط الذي زاد الشراب واللعب وضحك الزملاء من حدَّة طبعه، أنَّه أُهين بقسوة، فحمل شمعدانًا نحاسيًا كان على الطاولة وقذف به سيلفيو الذي تفادى الضربة بصعوبة. اضطرب جمعنا، ونهض سيلفيو ممتقعًا من الغضب، وقال وعيناه تقدحان شررًا:

- سيِّدي المحترم، تفضَّل بمغادرة هذا المكان، ولتشكر الربَّ على أنَّ هذا حدث في بيتي.

لم يخامرنا الشكُّ في عاقبة ذلك، وقدَّرنا جميعًا أنَّ زميلنا الجديد مقتول لا محالة. أمَّا الضابط فغادر البيت مسرعًا، بعد أن قال إنَّه مستعدٌّ لتحمُّل مسؤولية الإهانة بالشكل الذي يراه السيِّد مدير طاولة اللعب. استمرَّت اللعبة بعد ذلك لبضع دقائق، غير أنَّنا شعرنا بأنَّ سيِّد الدار غير راغب في اللعب، فانسحبنا من اللعبة واحدًا بعد آخر وتفرَّقنا إلى بيوتنا ونحن نتحدَّث عن احتمال حدوث شاغر في فوجنا عمَّا قريب.

في اليوم التالي، ونحن نتساءل في حلبة ركوب الخيل إذا كان الملازم المسكين ما يزال حيًّا، ظهر بيننا، فتوجَّهنا إليه بالسؤال نفسه، فأجاب بأنَّه لم يتلقَّ حتى الآن أي نبأ من سيلفيو. أدهشنا ذلك. ذهبنا إلى سيلفيو، فوجدناه في فناء المنزل يغرس طلقة فوق أخرى في ورقة «آس» ملصقة على باب الدار. استقبلنا كالعادة، من دون أن ينطق بكلمة حول حادثة أمس. مضت أيَّام ثلاثة والضابط لا يزال حيًّا، فتساءلنا دهِشين:

- هل من المعقول أن يمتنع سيلفيو عن المبارزة؟ لقد تخلَّى سيلفيو عن المبارزة، وقبل اعتذارًا بسيطًا جدًّا وصالح خصمه.

ألحقَ ذلك أذى كبيرًا جدًّا بسيلفيو في نظر الشباب، ففقدان الشجاعة هو آخر ما يمكن أن يغفروه، لأنَّهم اعتادوا أن يروا أنَّ الشجاعة هي قمَّة القيم الإنسانية التي تُغتفر أمامها العيوب الممكنة كلُّها. لكنَّ النسيان طوى هذه الحادثة تدريجيًّا، واستعاد سيلفيو مكانته عندهم.

أنا الوحيد الذي لم يستطع استعادة العلاقة الحميمة به. لقد كنت بطبعي ذا خيال رومانسي، لذا كنت متعلِّقًا أشدَّ التعلُّق بذلك الرجل الذي كانت حياته لغزًا من الألغاز، والذي بدا لي بطلًا لقصَّة غامضة. وكان هو يحبُّني أيضًا، فقد كان، على الأقل، يتخلَّى معي عن حدَّة لسانه اللاذعة ويحدِّثني عن شتَّى الأمور بلهجة طيِّبة وغاية في الإمتاع. ولكن، تملَّكتني، بعد ذلك

المساء التعيس، فكرة أنَّ شرفه قد تلطَّخ وأنَّه لم يغسل عاره بتقصير منه هو نفسه.

لم تفارقني تلك الفكرة، بل كانت تمنعني دائمًا من التعامل معه كما في الماضي. كنت أخجل حتى من النظر في عينيه. وكان سيلفيو أشدَّ ذكاء وأكبر خبرة من أن يخفى عليه ذلك أو يجهل سببه. وقد بدا لي أنَّ ذلك أحزنه، ولاحظت أنَّه حاول مرتين، على الأقل، أن يشرح لي الأمر ولكني كنت أتهرَّب من محاولاته فيتراجع ويتركني وشأني. ومنذ ذلك الحين لم أعد ألتقيه إلَّا في حضور الزملاء، وانقطعت الأحاديث الودِّية التي كانت بيننا سابقًا.

ليس لدى سكَّان العاصمة المشتَّتي الذهن أية فكرة عن تلك الحالات النفسية التي يعرفها جيِّدًا سكَّانُ القرى أو المدن الصغيرة، كانتظار يوم وصول البريد مثلًا: في يومَي الثلاثاء والجمعة. كان ديوان فوجنا يمتلئ بالضبَّاط: بعضهم ينتظر نقودًا، وبعضهم رسائل، وآخرون صحفًا. في العادة، كانت الطرود تُفتح هنا على الفور، ويتمُّ تناقل الأخبار، فيبدو الديوان لوحة غاية في الحيوية والنشاط. كان سيلفيو يتلقَّى رسائله عن طريق فوجنا، لذا كان وجوده في هذا المكان مألوفًا. ذات يوم، أعطوه مغلَّفًا، فضَّه وقد بدا عليه نفاد صبر عظيم. مرَّ بعينيه سريعًا على كلمات الرسالة فالتمعتا... كان الضبَّاط منشغلين، كلٌّ برسائله، فلم يلحظوا شيئًا.

- «أيُّها السادة»، خاطبهم سيلفيو، «الظروف تفرض عليَّ الرحيل فورًا. سأسافر اليوم ليلًا. آمل ألَّا ترفضوا دعوتي الأخيرة لكم على الغداء. أنتظرك أنت أيضًا»، قال موجِّهًا الكلام لي، «أنتظرك بالتأكيد».

خرج مسرعًا بعد هذه الكلمات، أمَّا نحن فاتَّفقنا على الاجتماع عند سيلفيو، ثمَّ تفرَّقنا كلٌّ في طريق.

جئت إلى سيلفيو في الوقت المحدَّد، فوجدت عنده الفوج كلَّه تقريبًا. كان متاعه مهيَّأً للرحيل ولم يبقَ في البيت غير الجدران العارية المثقوبة بالطلقات. جلسنا إلى المائدة. كان سيِّد الدار منشرح النفس للغاية، وسرعان ما سرى

مرحه إلى الجميع. راحت سدَّادات زجاجات الشمبانيا تتطاير في كلِّ دقيقة، والكؤوس تطفح بزبد يهسهس باستمرار، أمَّا نحن فرُحنا نعبِّر بكلِّ ما نستطيعه من حرارة عن تمنِّياتنا للمغادر برحلة طيِّبة وخير عميم. نهضنا عن المائدة في المساء المتأخِّر. راح سيلفيو يودِّع الجميع وهم يعتمرون قبَّعاتهم، ثمَّ أمسك بيدي في تلك اللحظة التي كنتُ أهمُّ فيها بالمغادرة.

- «لي حديث معك»، قال همسًا، فبقيت.

ذهب الضيوف، وبقينا وحدنا. جلسنا متقابلين ورحنا ندخِّن الغليون صامتين. كان سيلفيو قلقًا. اختفى كلُّ أثر لمرحه النزق. الشحوب المتجهِّم، والعينان البرَّاقتان، والدخان الكثيف الخارج من فمه، كلُّ ذلك أسبغ عليه مظهر شيطان حقيقي. وانقضت بضع دقائق خرق بعدها سيلفيو الصمت.

- «قد لا نلتقي أبدًا بعد اليوم»، قال لي، «لذا أودُّ قبل الفراق، أن أشرح لك الأمر. أنت تدرك أنِّي لا أقيم كبير وزن لآراء الآخرين، ولكنِّي أحبُّك، وسأشعر بالضيق إذا تركت في ذهنك انطباعًا خاطئًا».

توقَّف عن الكلام وراح يحشو غليونه الذي احترق تبغه. بقيتُ صامتًا مُطرق الرأس.

- «لقد بدا لك غريبًا»، تابع كلامه، «ألَّا أدعو ذلك السكران الطائش ر. إلى المبارزة. أنت تدرك أنَّ حياته كانت في متناول يدي أمَّا حياتي ففي أمان تامٍّ تقريبًا، فأنا أملك حقَّ اختيار السلاح: بمقدوري أن أعزو تسامحي إلى رحابة صدري. ولكني لا أريد أن أكذب. لو كنت أستطيع معاقبة ر. من دون أن أعرِّض نفسي لأي خطر، لما عفوت عنه بأي حال من الأحوال».

نظرت إلى سيلفيو دهِشًا، فقد أربكني تمامًا هذا الاعتراف، أمَّا هو فتابع:

- هكذا بالضبط. لم يكن من حقِّي أن أعرِّض نفسي للموت. فقد تلقَّيت صفعة منذ ستَّة أعوام، وعدُّوي ما يزال حيًّا.

أثار قوله فضولي بعنف.

- «ألم تتبارزا؟»، سألته، «هل حالت الظروف بينكما وبين ذلك؟».
- «بل بارزته»، ردَّ سيلفيو، «وهاك ما تركته تلك المبارزة للذكرى».

نهض سيلفيو وأخرج من علبة من الورق المقوّى قبّعة حمراء عليها ريشة مذهّبة وشعار قبّعة تشبه ما يسمِّيه الفرنسيون Bonnet de police[1] اعتمرها، فإذا هي مثقوبة برصاصة في ذروة مقدَّمتها.

- «أنت تعرف»، تابع سيلفيو، «أنِّي كنت متطوِّعًا في فوج الفرسان--- وطبعي معروف لديك، لقد اعتدتُ أن أكون الأوَّل دائمًا، ذلك غرامي مذ كنت فتى. كانت العربدة دُرجة في زماننا، وكنت العربيد الأوَّل في الجيش. كنَّا نتباهى في السُكْر: تفوَّقت في تناول الشراب على بورتسوف الشهير الذي تغنَّى باسمه دينيس دافيدوف في شعره. كانت المبارزات تحدث في فوجنا كل لحظة. وكنت أحضر فيها كلها إمَّا شاهدًا وإمَّا مبارزًا. كان الزملاء يقدِّسونني، أمَّا قادة الفوج الذين يتغيَّرون باستمرار، فكانوا ينظرون إليَّ بوصفي شرًّا لا بدَّ منه. كنت أستمتع بهدوء، أو بصخب، بسمعتي الماجدة، إلى أن قدِم إلى فوجنا شابٌّ من أسرة ثريَّة ومرموقة (لا أريد أن أذكر اسمه). أنا لم أعرف في حياتي محظوظًا لامعًا كذلك الشاب. تصوَّرْ: شباب، وذكاء، وجمال، ومرح صاخب من دون حدود، وشجاعة لا تبالي بشيء، واسم رنَّان، ونقود لا تُحصى، لم تنفد منه يومًا، وتصوَّر التأثير الذي أحدثه ذلك كلُّه في نفوسنا. لقد اهتزَّ عرش تفوُّقي. أمَّا هو، فأغرته سمعتي فطلب ودِّي، ولكنِّي استقبلته ببرود، فابتعد عني من دون أن يُبدي أي أسف. كرهته كرهًا شديدًا. نجاحاته في الفوج، وعند النساء، أوصلتني إلى حالة من اليأس التامِّ. صرت أبحث عن سبب للخصومة معه. كان يردُّ على أشعاري الساخرة بأشعار ساخرة تبدو مفاجئة لي وأشد لذعًا من

(1) قبّعة ضبّاط مستطيلة يسمُّونها «قبّعة البوليس».

أشعاري، وبالطبع، أكثر منها مرحًا بما لا يُقاس: كان يمزح، أمَّا أنا فكنت أتميَّز غيظًا. أخيرًا، حين رأيته ذات يوم، في حفلة راقصة عند إقطاعيٍّ بولونيٍّ، موضع اهتمام السيِّدات كلِّهنَّ، ولا سيما سيِّدة الدار نفسها، وقد كانت على علاقة بي، همست في أذنه بعبارة بذيئة فظَّة، فاشتعل غضبًا وصفعني. استلَّ كلٌّ منَّا سيفه، فتساقطت السيِّدات في حالات إغماء، وباعد بيننا الحضور، وفي الليلة نفسها ذهبنا للمبارزة. كان ذلك فجرًا. وقفت في المكان المحدَّد برفقة شهودي الثلاثة أنتظر خصمي بنفاد صبر غامض. أشرقت الشمس الربيعية وبدأت حرارة الجوِّ ترتفع. رأيته من بعيد. كان يسير راجلًا، مرتديًا زيَّه الرسمي وسيفه يتدلَّى تحت معطفه، وبرفقته شاهد واحد، فمشينا للقائه، اقترب حاملًا قبَّعته بيده وقد ملأها بالكرز البرِّي. قاس الشهود لنا اثنتي عشرة خطوة، وكان عليَّ أن أطلق النار أوَّلًا، ولكنَّ الهياج الذي أثاره الحقد في نفسي كان قويًّا إلى حدٍّ جعلني لا أطمئنُّ إلى قدرة يدي على التسديد. ولكي أمنح نفسي فرصة تستردُّ فيها هدوءها، تنازلت له عن حقِّ إطلاق النار أوَّلًا. غير أنَّ خصمي رفض ذلك، فاتَّفقنا على إجراء قرعة، فكان الرقم الأوَّل من نصيبه هو، حبيب السعادة الدائم. سدَّد وأطلق النار على قبَّعتي، ثم جاء دوري. أخيرًا صارت حياته ملك يديَّ. نظرت إليه بنهم، محاولًا التقاط أي ظلٍّ للقلق عنده... كان يقف أمام المسدَّس، ينتقي من قبَّعته ثمار الكرز البرِّي الناضجة، يمضغها ويبصق البذور، فيصل بعضها إلى حيث أقف. أصابتني لامبالاته بالجنون. تساءلت في سرِّي: ما الفائدة التي سأجنيها من حرمانه حياةً هو نفسه لا يبدو ضنينًا بها؟ وفجأة والتمعت في ذهني فكرة شريرة. خفضت المسدَّس وقلت له: 'يبدو لي أنَّك لا تفكِّر في الموت الآن، أنت تتناول فطورك، وأنا لا أريد إعاقتك'، فردَّ معترضًا: 'أنت لا تعيقني في شيء، تفضَّل، أطلق النار، الأمر يخصُّك على كل

حال. حقُّك في إطلاق النار محفوظ، وأنا جاهز دائمًا لخدمتك'. التفتُّ نحو الشهود وأعلنت أنِّي لا أنوي إطلاق النار الآن، وبذلك انتهت المبارزة. تقدَّمت باستقالتي وعشت معتزلًا في هذا المكان الضئيل. ومنذ ذلك الحين لم يمض يوم من دون أن أفكِّر فيه بالثأر. وقد حلَّت ساعة الثأر الآن»...

أخرج سيلفيو من جيبه الرسالة التي استلمها في الصباح وأعطاني إيَّاها لأقرأها. أحدهم (يبدو أنَّه وكيل أعمال) كتب له من موسكو أنَّ الشخص الذي يعرفانه سيعقد قرانه على صبيَّة فتيَّة ورائعة.

- «أنت تخمِّن»، قال سيلفيو، «من هو ذلك الشخص. سأسافر إلى موسكو. وسنرى، إن كان سيتقبَّل الموت قبيل عرسه بتلك اللامبالاة التي استقبله بها وهو يأكل الكرز البرِّي!».

نهض سيلفيو وهو يلفظ هذه الكلمات، ألقى قبَّعته أرضًا، وراح يمشي في الغرفة جيئة وذهابًا كنمر في قفص. استمعت إليه صامتًا تقلقني مشاعر متناقضة.

دخل الخادم وأعلن أنَّ الخيول جاهزة. شدَّ سيلفيو على يدي بقوَّة مودِّعًا، ثم جلس في العربة إلى جانب حقيبتين في إحداهما مسدَّساته وفي الأخرى ملابسه وأشياؤه. ودَّعني ثانية وانطلقت الخيول.

2

بعد بضع سنوات، اضطرَّتني ظروف عائلية إلى الإقامة في قرية صغيرة فقيرة في المنطقة ن-. لم يفارقني يومًا، وأنا أدير أعمال مزرعتي، التحسُّر بصمت على حياتي السابقة الصاخبة الخالية من الهموم. وكان من أصعب الأمور عليَّ أن أعتاد قضاء أماسي الخريف والشتاء في وحدة تامَّة. في النهار كنت أقطِّع الوقت على نحو ما، متحدِّثًا إلى رئيس الفلَّاحين، أو متنقِّلًا لقضاء بعض الأعمال، أو متفقِّدًا لبعض المنشآت الجديدة. ولكني بمجرد حلول المساء كنت أحتار تمامًا، فلا أدري بماذا أشغل نفسي. الكتب القليلة التي وجدتها تحت خزانات البيت وفي المستودع حفظتها عن ظهر قلب، وكلُّ الحكايات، التي كان بمقدور مدبِّرة المنزل كيريلوفنا أن تتذكَّرها، سمعتها مرَّات عدَّة، أمَّا أغاني الفلَّاحات فكانت تثير ضجري. شرعت أشرب النبيذ المزَّ ولكنَّه كان يسبِّب لي الصداع، وأعترف أني خفت أن أتحوَّل إلى سكِّير يائس، أي إلى سكِّير مدمن لا شفاء له، فقد رأيت الكثيرين منهم في منطقتنا. ولم يكن في الجوار غير اثنين أو ثلاثة من هؤلاء المدمنين الذين جلُّ حديثهم فواق وزفرات، الأمر الذي جعلني أفضِّل الوحدة على مجالستهم.

كان ثمَّة، على بُعد أربعة فراسخ، مزرعة غنيَّة تملكها الأميرة ب-. ولكن، لم يكن يقيم فيها غير وكيل أعمالها، أمَّا الأميرة فلم تزرها سوى مرَّة واحدة في العام الأوَّل من زواجها، وهي حتى في هذه الزيارة، لم تُقم فيها أكثر من شهر. ولكن، سرت في ربيع العام الثاني لعزلتي إشاعة تزعم أنَّ الأميرة وزوجها سيقضيان الصيف في قريتهما. وقد جاءا بالفعل في أوائل شهر حزيران (يونيو).

إنَّ قدوم جارٍ غنيٍّ حدث مهمٌّ بالنسبة لأبناء الريف. فالإقطاعيون وفلَّاحوهم

يتحدَّثون عنه قبل قرابة شهرين من وقوعه، ويظلُّون يتكلَّمون فيه ثلاثة أعوام بعد ذلك. أمَّا أنا، فأعترف بأنَّ خبر قدوم جارة فتيَّة وجميلة ترك في نفسي أثرًا قويًّا، فرحت أتحرَّق لهفةً لرؤيتها، لذا توجَّهت بعد الغداء في أوَّل يوم أحد، إلى قرية --- لأقدِّم نفسي لصاحبَي السموِّ بوصفي جارهما الأقرب وخادمهما المطيع.

قادني الخادم إلى مكتب الأمير، ومضى ليُعلم السيِّدين بمجيئي. المكتب الفسيح مرتَّب مفروش بكلِّ ما ينمُّ عن الترف، خزائن كتب قرب الجدران وفوق كلِّ خزانة تمثال من البرونز، وموقد من المرمر فوقه مرآة كبيرة، وأرضيَّة مكسوَّة بقماش أخضر مُدَّ فوقه السجَّاد.

أشعرني ذلك بالهيبة بعد أن كنت قد فقدت التآلف مع الترف في بيتي الفقير، ولم أرَ ثراء الآخرين منذ زمن بعيد، فرحت أترقَّب مجيء الأمير بقلق، وكأنِّي طالب منحة من الريف ينتظر وزيرًا. فُتح الباب ودخل رجل جميل المنظر في الثانية والثلاثين من عمره. اقترب منِّي بوجه باشٍّ ودود، فتشجَّعت وشرعت أقدِّم نفسي، ولكنَّه استوقفني. جلسنا. كان حديثه طلقًا ولطيفًا بدَّد سريعًا وحشة خجلي، فبدأت أعود إلى حالتي الطبيعية، لكنَّ الأميرة دخلت في هذه اللحظة فتملَّكني ارتباك فاق ما كنت أعانيه من قبل. كانت الأميرة رائعة الجمال حقًّا. قدَّمني الأمير إليها، فحاولت استقبال ذلك كأمر عادي، لكنَّ إحساسي بالارتباك كان يزداد كلَّما ازداد حرصي على التظاهر بعدم التكلُّف. ولكي يعطياني فرصة للاعتياد على جوِّ التعارف الجديد، راح الاثنان يتبادلان الحديث أمامي بلا تصنُّع، وكأنِّي جارهما الطيِّب الذي يعرفانه من زمن بعيد. أمَّا أنا فصرت أتمشَّى جيئة وذهابًا متأمِّلًا الكتب واللوحات الزيتية. أنا لست خبيرًا بالرسم، غير أنَّ إحدى اللوحات أثارت اهتمامي.

كانت تلك اللوحة تصوِّر مشهدًا من سويسرا، ولكنَّ الذي أدهشني فيها لم يكن الرسم، بل كونها مثقوبة بطلقتين في موضع واحد.

- «رميتان جيِّدتان»، قلت مخاطبًا الأمير.
- «نعم»، أجاب، «رميتان ممتازتان جدًّا، هل تتقن الرماية؟».

- «بشكل ممتاز»، أجبته وقد أبهجني أنَّ الحديث مسَّ أخيرًا موضوعًا قريبًا إلى نفسي، أستطيع أن أُصيب بالتَّأكيد ورقة لعب وهي على بُعد ثلاثين خطوة، إذا كان المسدَّس الذي أستخدمه معروفًا لديَّ طبعًا».
- «أصحيح ما تقول؟»، سألت الأميرة باهتمام كبير، «وأنت يا عزيزي، هل تستطيع أن تصيب ورقة تبعد عنك ثلاثين خطوة؟».
- «سنجرِّب ذلك في يوم ما»، أجاب الأمير، «في الماضي لم تكن رمايتي سيئة، ولكن ها قد مضت أربع سنوات لم تحمل يداي فيها مسدَّسًا».
- «أوه!»، قلت معلِّقًا، «أؤكِّد في هذه الحال أنَّك يا صاحب السموِّ لن تستطيع إصابة ورقة اللعب حتى عن بعد عشرين خطوة: المسدَّس يتطلَّب تدريبًا يوميًّا. أنا أعرف هذا بالتجربة. لقد كانوا يُعدُّونني واحدًا من أفضل الرماة في فوجنا. وحدث ذات مرة أن هجرت المسدَّس شهرًا كاملًا. كانت مسدَّساتي في ورشة التصليح، فماذا كانت نتيجة ذلك برأيك يا صاحب السموِّ؟ في أوَّل مرَّة عدت فيها إلى الرمي أخفقت أربع مرَّات في إصابة زجاجة خمر تبعد عني خمسًا وعشرين خطوة. وكان عندنا قائد سريَّة لاذع اللسان، مزوح، تصادف وجوده في المكان حينها، فقال لي: 'يبدو أنَّ يدك رفيقة بالقوارير'. لا، يا صاحب السموِّ، لا يجوز إهمال هذا التدريب، وإلَّا فإنَّك ستفقد القدرة على الرماية تمامًا. إنَّ أفضل رامٍ التقيته كان يمارس الرماية ثلاث مرَّات على الأقل قبل الغداء. وكان ذلك بالنسبة إليه عادة كعادة شرب كأس من الفودكا».

أبهج انطلاقي في الحديث الأميرة والأمير.
- «وما الأهداف التي كان يرميها؟»، سألني.
- «ما يحلو له يا صاحب السموِّ»، أجبت، «حتى لو كان ذبابة تحطُّ على الجدار... أنت تضحكين يا أميرة؟ والله، إنَّ ما أقوله حقيقة. لقد

كان، إذا رأى ذبابة يصرخ: 'كوزكا، هاتِ المسدَّس!'... فيسارع كوزكا ويقدِّم له مسدَّسًا محشوًّا. يُطلق النار فتنغرس الذبابة في الحائط!».

- «هذا مدهش! ما اسم ذلك الرجل؟»، سأل الأمير.
- سيلفيو، يا صاحب السموِّ.
- «سيلفيو!»، صرخ الأمير وهو يقفز من مقعده، «هل تعرف سيلفيو؟».
- وكيف لا أعرفه يا صاحب السموِّ! لقد كنَّا زملاء، استقبلناه في فوجنا كأخٍ ورفيق! ولكنَّ أخباره انقطعت عنَّا تمامًا منذ خمس سنوات تقريبًا. أنت، إذن تعرفه أيضًا يا صاحب السموِّ!
- عرفته، عرفته جيِّدًا. ألم يحدِّثك عن... لا، لا أظنُّ ذلك... ألم يروِ لك حادثة غريبة جدًّا وقعت له؟
- أتعني يا صاحب السموِّ، تلك الصفعة التي تلقَّاها في الحفل الراقص من شابٍّ طائش؟
- وهل ذكر لك اسم ذلك الشابِّ الطائش؟
- «لا، يا صاحب السموِّ، لم يذكره... آه، يا صاحب السموِّ!»، تابعتُ الكلام وقد خمَّنت الحقيقة، «عفوًا... لم أكن أعرف... أهو حقًّا أنت؟».
- «أنا ذاتي»، أجاب الأمير وقد بدا عليه الحزن الشديد، «واللوحة المثقوبة هي ذكرى آخر لقاء كان بيننا»...
- «آه يا حبيبي!»، قالت الأميرة، «لا تروِ تلك الحادثة بحقِّ الربِّ، فمجرَّد سماعها يُشعرني بالخوف».
- «بل سأروي كلَّ شيء»، ردَّ الأمير معترضًا، «إنَّه يعرف كيف أسأتُ إلى صديقه، فليعرف، إذن، كيف انتقم منِّي سيلفيو».

قدَّم الأمير لي كرسيًّا، فجلست أُصغي بفضول ويقظة فائقة إلى الحكاية التالية:

- «منذ خمس سنوات تزوَّجت»، قال، «وقضيت the honey moon[1] هنا، في هذه القرية. أنا مدين لهذا المنزل بأفضل لحظات حياتي، وبواحدة من أثقل الذكريات وطأة على النفس. ذهبنا ذات مساء في نزهة على الخيل، غير أنَّ فرس زوجتي حرنت لسبب ما، فخافت وألقت إليَّ برسن الفرس وقفلت عائدة إلى البيت سيرًا على الأقدام. سبقتُها إلى هناك وأنا على ظهر حصاني، فرأيت في الفناء عربة سفر، وأخبرني الخدم أنَّ رجلًا ينتظرني في المكتب، وأنَّه امتنع عن ذكر اسمه قائلًا ببساطة إنَّ له عندي قضيَّة. دخلت غرفة المكتب فرأيت في العتمة رجلًا كساه الغبار ونَمَت لحيته. كان يقف قرب الموقد. اقتربت منه محاولًا تذكُّره. 'ألم تعرفني يا أمير؟'، سأل بصوت راجف. 'سيلفيو!'، صرخت. وأعترف أنِّي أحسست بشعر رأسي ينتصب من هول المفاجأة. 'هو بالضبط'، قال، 'أنت مدين لي بطلقة، وقد جئت لأفرغ مسدَّسي، فهل أنت مستعدٌّ؟'. كان مسدَّسه يتدلَّى من جيب ثوبه الجانبي. قست مسافة عشرين خطوة ووقفت هناك في الزاوية، طالبًا منه أن يُطلق النار بسرعة قبل أن تصل زوجتي. لكنَّه تباطأ. طلب نارًا. أعطوه شمعة. أغلقت الباب، وأمرت ألَّا يُسمح لأحد بالدخول، ثم رجوته مرَّة ثانية أن يطلق النار. أخرج مسدَّسه وسدَّد... رحت أعدُّ الثواني... كنت أفكِّر في زوجتي... مرَّت دقيقة فظيعة! أنزل سيلفيو يده، وقال: 'يؤسفني أنَّ المسدَّس ليس محشوًّا ببذور الكرز البرِّي... الرصاصة ثقيلة. أعتقد أنَّ ما يجري بيننا ليس مبارزة بل جريمة قتل، ليس من عادتي أن أطلق النار على رجل أعزل. لنبدأ من جديد، نُجرِ القرعة لنعرف من يطلق النار أوَّلًا'. شعرت بدوار شديد في رأسي، وأظنُّني رفضت إجراء القرعة، غير أنَّنا في النهاية كتبنا رقمين على

---

(1) شهر العسل.

ورقتين وضعهما في القبَّعة التي ثقبتُها برصاصتي ذات يوم. سحبت إحداهما فكان حقُّ الرمية الأولى من نصيبي مرَّة ثانية، فقال لي وهو يبتسم ابتسامة ساخرة لن أنساها ما حييت: 'يا لحظِّك الشيطاني أيُّها الأمير!'. أنا لا أفهم ما الذي حلَّ بي وبأيِّ شكل أجبرني على فعل ما فعلت... ولكنِّي أطلقت عليه النار فأصبت هذه اللوحة».

أشار الأمير بإصبعه إلى اللوحة المثقوبة. كان وجهه يتوهَّج كالجمر، وكانت الأميرة أشدُّ شحوبًا من المنديل الذي تحمله، أما أنا فلم أستطع منع نفسي من إطلاق صرخة.

- «أطلقت النار»، تابع الأمير حكايته، «فطاشت طلقتي والحمد لله، حينها راح سيلفيو (كان في هذه اللحظة مرعبًا حقًّا) راح سيلفيو يصوِّب مسدَّسه نحوي. انفتح الباب فجأة واندفعت ماشا مولولة تطوِّق عنقي. أعاد إليَّ حضورها رباطة جأشي كلَّها. قلت لها: 'حبيبتي، ألا ترين أننا نمزح؟ ما أشدَّ خوفك! اذهبي واشربي كأسًا من الماء ثم عودي إلينا لأقدِّم لك صديقًا وزميلًا قديمًا'. لم تصدِّق ماشا ما قلت، فتوجَّهت بالكلام إلى سيلفيو الرهيب، سألته: 'أخبرني، هل يقول زوجي الحقيقة؟ هل أنتما الاثنان تمزحان؟'. 'إنه يمزح دائمًا أيَّتها الأميرة'، أجابها سيلفيو، 'لقد صفعني مازحًا ذات يوم، ومازحًا، ثقب قبَّعتي هذه بطلقة من مسدَّسه، ومازحًا، طاشت الآن رصاصته المصوَّبة إليَّ، فسرت إلى نفسي الآن الرغبة في المزاح'... وشرع وهو يلفظ هذه الكلمة، يصوِّب مسدَّسه إليَّ في حضورها! ارتمت ماشا على قدميه، فصرختُ مسعورًا: 'انهضي يا ماشا، هذا عيب! وأنت، أيُّها السيِّد، أما كفاك تنكيلًا بهذه المرأة المسكينة؟ هل ستطلق النار أم لا؟'. 'لن أفعل'، أجاب سيلفيو، 'لقد اكتفيت. رأيت ارتباكك وجبنك، وأرغمتك على أن تطلق عليَّ النار، وهذا يكفيني. ستذكرني دائمًا. أنا أتركك لضميرك'. قال هذا وهمَّ بالخروج، لكنَّه توقَّف في

الباب ونظر إلى اللوحة التي ثقبَتها رصاصتي، أطلق عليها النار من دون تسديد تقريبًا، ثم اختفى. كانت زوجتي ممدَّدة على الأرض في حالة إغماء، والخدم لم يجرؤوا على إيقافه، بل راحوا ينظرون إليه خائفين. أمَّا هو فخرج إلى المدخل ونادى الحوذيَّ ثم رحل حتى قبل أن أعي ما حدث».

صمت الأمير. وهكذا عرفت نهاية تلك القصَّة التي أذهلتني بدايتها ذات يوم، والتي لم ألتقِ بطلها مرَّة ثانية. ثمَّة من يقول إنَّ سيلفيو كان يقود فصيلًا من الإتيريين في ثورة ألكسندر إيبسيلانتي لتحرير اليونان، وإنَّه قُتل في معركة في ضواحي مدينة سكوليياني.

عاصفة ثلجيَّة

الخيل تعدو فوق أكوام الثلج
تسحق الثلج العميق بقوائمها
وهناك، في ركنٍ منعزلٍ معبد للربِّ،
يلوح وحيدًا
...
عاصفة ثلجية لفَّت المكان فجأة
الثلج يتهاطل ندفًا كبيرة،
وغراب أسودُ، في جناحه تصفر الريح،
يحوم فوق الزحافة
وصرير المتاع ينطق بالحزن!
والخيول المستعجلة
تدقِّق النظر في عتمة الأفق
وقد انتصب شعر لبداتها.

من قصيدة «سفيتلانا»
جوكوفسكي

تدلُّ المقارنة التي كتبها بوشكين على أنَّ هذه القصَّة، وقصَّة «الأميرة - الفلَّاحة»، اللتين روتهما له ك. إي. ت..، تتشابهان في الكثير من الأمور، ففي القصَّتين وصف لمغامرة عاطفية معقَّدة، إذ لا يعرف كلٌّ من البطلين شريكه، ولذا فهما يتصرَّفان على غير طبيعتهما. ولكنَّ اللغز ينكشف في النهاية، وتحلُّ النهاية السعيدة.

في أواخر عام 1811، في فترة ما زالت عالقة في الذاكرة، كان غافريلا غافريلوفيتش ر. الطيِّب يقيم في مزرعته في نينارادوفا. وقد عُرف بين جيرانه بكرم الضيافة والبشاشة. وكان الجيران يزورونه باستمرار طلبًا للطعام والشراب والاستمتاع بالمقامرة بخمسة كوبيكات في لعبة ورق «بنت البستوني» مع زوجته براسكوفيا بتروفنا، والبعض يزورهما ليرى ابنتهما ماريا غافريلوفنا، الصبيَّة الرشيقة القوام، الشاحبة، الرقيقة المشاعر. لقد كانت في نظرهم عروسًا ثرية، وكثيرون منهم عدُّوها مناسبة لهم أو لأبنائهم.

تربَّت ماريا غافريلوفنا على الروايات الفرنسية، ولذا كانت عاشقة، وكان موضوع عشقها الذي اختارته، شابًّا بائسًا برتبة ملازم في الجيش، يقضي إجازته في قريته. وكان الشابُّ يتوهَّج بعشق لها لا يقلُّ عن عشقها، وبطبيعة الحال، منع والدا محبوبته بنتهما من التفكير فيه في حين لاحظا ما بينهما من عشق، وصارا يستقبلانه بفتور يفوق فتور استقبالهما لعضو مجلس بلدي متقاعد.

كان عاشقانا يتبادلان الرسائل ويلتقيان على انفراد يوميًّا تقريبًا في حرج الصنوبر أو قرب الكنيسة القديمة. هناك كان كل منهما يقسم للآخر أنَّ حبَّه خالد، ويعبِّر عن سخطه على القدر، ويقدِّم مختلف الاقتراحات والعروض. وهكذا، من خلال الرسائل والأحاديث، توصَّلا (وهذا طبيعيٌّ جدًّا) إلى الفكرة التالية: أترانا لا نستطيع - ما دام كل منَّا عاجزًا حتى عن التنفُّس من دون الآخر - وما دام أهلنا القساة يقفون في طريق سعادتنا، أن نتجاوز إرادتهم؟ لقد راودت هذه الفكرة السعيدة الشابَّ أوَّلًا طبعًا، فأُعجبت بها كثيرًا مخيِّلة ماريا غافريلوفنا الرومانتيكية.

حلَّ الشتاء وتوقَّفت لقاءاتهما، ولكنَّ مراسلاتهما باتت أكثر حيوية. وكان فلاديمير نيكولايفيتش يتوسَّل إليها في كلِّ رسالة أن تُطيعه، فيتكلَّلا سرًّا، ويختبئا لبعض الوقت، ثم يرتميا على أقدام والديها، اللذين سيتأثَّران أخيرًا طبعًا،

بصمود العاشقين البطولي وتعاستهما، وسيقولان لهما حتمًا: «يا ولدينا، تعاليا إلى حضننا».

تردَّدت ماريا غافريلوفنا طويلًا، ورفضت الكثير من خطط الهرب. ثم وافقت في نهاية المطاف: كان عليها أن تمتنع في اليوم المحدَّد عن تناول العشاء، وتعتزل في غرفتها متذرِّعة بصداع أصابها. وكانت خادمتها شريكة لها في المؤامرة. كان عليهما أن تخرجا إلى الحديقة من الباب الخلفي للمنزل، فتجدا وراء الحديقة زلَّاجة جاهزة للسفر، تستقلَّانها وتنطلقان بها مسافة خمسة فراسخ من نينارادوفا، إلى قرية جادرينو، وتقصدان كنيستها مباشرة، حيث سيكون فلاديمير في انتظارهما.

عشيَّة اليوم الحاسم، لم تنمْ ماريا غافريلوفنا طول الليل، جهَّزت أمتعتها وثيابها الداخلية وفساتينها، وكتبت رسالة طويلة إلى صديقة لها مرهفة الأحاسيس، ورسالة أخرى إلى والديها، وراحت تودِّعهما فيها بأرقِّ العبارات، وتعتذر عن سلوكها الذي يدفعها إليه عشق لا يُقاوم، وأنهت الرسالة مؤكِّدة أنَّ أسعد لحظة في حياتها ستكون تلك التي يُسمح لها فيها أن ترتمي على أقدام والديها الغاليين. وقبيل الفجر تمامًا، ختمت كلًّا من الرسالتين بخاتم مصنوع في مدينة تولا، عليه رسم قلبين ملتهبين حبًّا وعبارة مؤثِّرة، ثم ارتمت فوق سريرها مستسلمة للنعاس. لكنَّ كوابيس مرعبة أيقظتها على الفور. تراءى لها مرَّة أنَّ أباها أوقفها في اللحظة التي صعدت فيها إلى الزلَّاجة كي تسافر لتتزوَّج، وجرَّها بسرعة مؤلمة فوق الثلج، ثم ألقى بها في حفرة مظلمة لا قاع لها... أمَّا هي فهوت بسرعة البرق في قلبها برودة تفوق الوصف. ومرَّة، تراءى لها فلاديمير مستلقيًا على العشب، شاحبًا، مضرَّجًا بالدماء، يصرخ بصوت حادٍّ متوسِّلًا إيَّاها، وهو يحتضر، أن تسارع للزواج به... وتراءت لها رؤى أخرى قبيحة لا معنى لها، راحت تمرُّ بخاطرها واحدة إثر أخرى. نهضت أخيرًا وهي أكثر شحوبًا من المعتاد، وقد أصابها صداع حقيقي. لاحظ أبوها وأمُّها قلقها، وراحت تمزِّق قلبَها عنايتهما الرقيقة بها وأسئلتهما المتواصلة:

- «ماذا بك يا ماشا؟ هل أنت مريضة يا ماشا؟»...

حاولت أن تهدِّئ روعهما، وتتظاهر بالمرح، لكنَّها لم تستطع. حلَّ المساء، وانقبض قلبها وهي تفكِّر أنَّ هذا اليوم هو الأخير الذي تقضيه مع أسرتها، فراحت، وهي تكاد تفارق الحياة، تودِّع في سرِّها كلَّ الناس والأشياء المحيطة بها. قُدِّم لها العشاء، فخفق قلبها بشدَّة. وأعلنت بصوت راعش أنَّها لا تريد أن تتعشَّى، ونهضت تودِّع أباها وأمَّها. قبَّلاها كالعادة وباركاها، فكادت تبكي. وحين دخلت غرفتها، ارتمت على مقعد وانهمرت دموعها، فحاولت خادمتها تهدئتها وتشجيعها. كان كلُّ شيء معدًّا. بعد نصف ساعة يجب على ماشا أن تترك بيت الأسرة، وغرفتها، وحياة البنات الهادئة. في الفناء عاصفة ثلجية. الريح تعوي، ودُرَف النوافذ تصطكُّ وتصطفق. كلُّ ذلك بدا لها وعيدًا ونذير شؤم. هدأ كلُّ شيء في البيت ونام. فتدثَّرت ماشا بشالها وارتدت معطفها الشتويَّ، ثم خرجت إلى شرفة المنزل الخلفية حاملة بيديها صندوق مجوهراتها الصغير، تتبعها خادمتها وفي يديها صرَّتان من المتاع. نزلتا إلى الحديقة. لم يهدأ هطول الثلج، والريح تلفح وجهيهما وكأنَّها تجاهد لردع الصبية عن ارتكاب فعلتها. وصلتا بصعوبة إلى طرف الحديقة. الزلَّاجة في انتظارهما على الطريق، والخيول لا تستقرُّ في مكانها من شدَّة البرد. ساعد حوذيُّ فلاديمير، الذي كان يروح ويجيء أمام العربة محاولًا تهدئة الخيول القلقة، الآنسة ووصيفتها في الصعود إلى العربة، ووضع الصرَّتين والصندوق الصغير إلى جانبهما، ثم أمسك بالرسن، فانطلقت الخيول. لنترك الآن الآنسة لقدرها، ولنترك مهارة الحوذي تيريشكا أيضًا، ونلتفت إلى فتانا العاشق.

أمضى فلاديمير اليوم كلَّه في التنقُّل. في الصباح كان عند قسِّيس قرية جادرينو، واتفق معه بعد لأيٍ، ثمَّ مضى يبحث عن شهود بين الإقطاعيين في الجوار. بدأ بحثه بزيارة ضابط الفرسان الأربعيني المتقاعد، درافين، الذي وافق على الشهادة بحماسة، مؤكِّدًا أنَّ هذه المغامرة ذكَّرته بالزمن الماضي ونزوات الفرسان، وأقنع فلاديمير بالبقاء عنده على الغداء، فالبحث عن شاهدين آخرين

لن يكون صعبًا. وهذا ما كان فعلًا، فبعد الغداء مباشرة حضر المسَّاح شميت، بشاربيه ومهمازيه، وابن النقيب قائد الشرطة، وهو فتى في السادسة عشرة من العمر، انتسب منذ زمن غير بعيد إلى فوج الخيَّالة المبتدئين. وهذان لم يكتفيا بقبول دعوة فلاديمير لهما للشهادة، بل أقسما له الأيمان على أنَّهما مستعدَّان للتضحية بنفسيهما من أجله، فعانقهما فلاديمير بحماسة ثم مضى إلى منزله ليكمل استعداداته.

بعد حلول المساء بفترة، أرسل حوذيَّه الموثوق، تيريشكا، إلى قرية نينارادوفا في عربة الترويكا، مزوِّدًا إيَّاه بتفاصيل ما يجب عليه فعله، وأبقى لنفسه زلَّاجة صغيرة يجرُّها حصان واحد، انطلق بها وحيدًا، من دون حوذي، إلى جادرينو التي يجب أن تصل إليها ماريا غافريلوفنا بعد نحو ساعتين، فهو يعرف الطريق، والرحلة لن تستغرق أكثر من عشرين دقيقة.

ولكن، ما أن اجتاز فلاديمير البلدة وصار في الأرض الخلاء، حتى هبَّت الريح، وثارت عاصفة ثلجية، فلم يعد قادرًا على رؤية أي شيء. في دقيقة واحدة طمر الثلج الطريق، واختفت معالم المكان حوله في ضباب عكر مائل إلى الصفرة، تتطاير فيه ندف الثلج الأبيض: التصقت السماء بالأرض، ووجد فلاديمير نفسه وسط الحقل، يحاول عبثًا أن يعود إلى الطريق، وراح الحصان يصعد تارة فوق تلَّة من الثلج، ويهوي تارة في حفرة، فتنقلب الزلَّاجة. وصار همُّ فلاديمير الوحيد ألَّا يفقد الاتجاه الصحيح، لكنَّه أحسَّ أنَّ أكثر من نصف ساعة قد انقضى من دون أن تظهر له أحراج جادرينو. انتظر دقائق عشرًا أخرى، ولم تظهر الأحراج. كان فلاديمير ينطلق بزلَّاجته في مرج تخترقه وديان عميقة. العاصفة الثلجية لم تهدأ، ولم تصحُ السماء. وبدأ التعب ينال من الحصان الذي راح يتصبَّب عرقًا مع أنَّه كان بين الفينة والأخرى يغوص في الثلج حتى خاصرتيه.

وأخيرًا اكتشف فلاديمير أنَّه يسير في الاتجاه الخطأ. توقَّف وبدأ يفكِّر ويتذكَّر ويحاول فهم ما حدث. أقنع نفسه أنَّه يتوجَّب عليه أن يتَّجه يمينًا، فمضى

نحو اليمين. كان الحصان يخطو ببطء شديد، ولكنَّ جادرينو، لم تكن في تقديره، بعيدة عن هذا المكان. غير أنَّه سار بزلَّاجته وسار، من دون أن تبدو نهاية المرج. لا شيء غير تلال الثلج والوديان. كانت الزلَّاجة تنقلب باستمرار، وهو يرفعها في كلِّ مرَّة ويعيدها إلى وضعها، وكان الزمن يمضي، وقد بدأ فلاديمير يشعر بالقلق.

بدت، أخيرًا، في أحد الجوانب كتلة من السواد، فاتجه فلاديمير نحوها. اقترب منها فرأى حرجًا، فقال في سره: «الحمد لله، المكان قريب الآن». سار بمحاذاة الحرج آملًا أن يجد الطريق سريعًا أو أن يلتفَّ حول الأشجار ويتجاوزها، فجادرينو خلفها تمامًا. اكتشف الطريق بعد وقت قصير، فانطلق في العتمة بين الأشجار التي عرَّاها الشتاء. هنا، لم يعد بمقدور الريح أن تعصف، والطريق ملساء مستوية. فأعاد ذلك للحصان نشاطه، وهدَّأ قلق فلاديمير.

لكنَّ فلاديمير سار وسار من دون أن تظهر له جادرينو، أو تبدو للحرج نهاية. فأدرك مرعوبًا أنَّه يسير في غابة لا يعرفها. استولى عليه اليأس، ضرب الحصان بسوطه، فانطلق الحيوان المسكين يعدو. غير أنَّه سرعان ما راح يتباطأ، ثم صار، بعد ربع ساعة من العدو، يمشي خطوة فخطوة، رغم محاولات فلاديمير التعيس كلِّها.

رويدًا رويدًا، بدأت كثافة الأشجار تتناقص، وخرج فلاديمير من الغابة، لكنَّه لم يرَ أثرًا لجادرينو. لا بدَّ من أنَّ الوقت قارب منتصف الليل. نفرت الدموع من عينيه، وانطلق بزلَّاجته على غير هدى. هدأت العاصفة، وتبدَّدت الغيوم، وامتدَّ أمامه سهل مفروش ببساط أبيض متموِّج، كان الجوُّ صحوًا، والرؤية لا بأس بها. وغير بعيد لاحت لفلاديمير قرية صغيرة مكوَّنة من أربعة أو خمسة بيوت فاتَّجه إليها. قفز من الزلَّاجة عند أوَّل كوخ، وهرع إلى نافذته يطرقها. فُتحت النافذة الخشبية بعد دقائق ومدَّ عجوز أشيب اللِّحية رأسه منها.

- شو بدَّك[1]؟

---

(1) ورد كلام الفلاح بالمحكيَّة الروسية في النص الأصلي (المترجم).

- هل جادرينو بعيدة؟
- جادرينو؟
- نعم، نعم! أهي بعيدة؟
- ما بعيدة، حوالي عشر فراسخ.

حين سمع فلاديمير هذا الجواب أمسك رأسه بكلتا يديه، وجمد في مكانه، وكأنَّه سمع حكمًا بإعدامه.

- «من وين أنت جاي؟»، تابع العجوز كلامه، لكنَّ فلاديمير لم يشعر بالرغبة في الإجابة عن أيِّ سؤال.
- هل تستطيع يا عجوز أن تؤمِّن لي خيولًا تأخذني إلى جادرينو؟
- ومنين لنا الخيول يا حسرة!
- طيِّب، هل أستطيع أن أجد دليلًا يأخذني إليها؟ سأدفع له أي مبلغ يريد.

قال العجوز وهو يغلق النافذة:

- لحظة! راح ابعتلك ابني ياخدك.

وقف فلاديمير ينتظر، ولكنَّه، بعد أقل من دقيقة، عاد يطرق خشب النافذة من جديد. فُتحت النافذة وأطلَّت اللحية الشيباء.

- شو بدَّك؟
- أين ابنك؟
- جايي، بس يلبس برجله. ادخل تدفَّى إذا كنت بردان.
- شكرًا، أرسل ابنك بسرعة.

صرَّ باب الدار، وخرج منه فتى يحمل عصا غليظة. سار أمام فلاديمير مشيرًا بيده تارة، وباحثًا عن الطريق التي غطَّتها أكوام الثلج تارة أخرى.

- «كم الساعة؟»، سأله فلاديمير.
- «بعد شوي بيطنع الصبح»، أجاب الفلَّاح الشاب.

بعد ذلك لم ينبس فلاديمير ببنت شفة.

حين وصلا جادرينو، كانت الديَكة تصيح معلنة بزوغ الفجر، ولكنَّ الكنيسة ما تزال مغلقة. دفع فلاديمير للدليل أجره ومضى إلى بيت القسِّيس. لم يجد الترويكا التي أرسلها لنقل ماريا، في باحة الدار. تُرى ما الأخبار التي تنتظره؟!

لنعد الآن إلى مُلَّاك نينارادوفا لنعرف ما الذي يجري هناك. لا شيء غير عادي.

استيقظ العجوزان وخرجا إلى غرفة الجلوس. كان غافريلا غافريلوفيتش يعتمر قبَّعته وعلى كتفيه عباءة من الصوف، وكانت براسكوفيا بيتروفنا تتدثَّر بشال قطني. قُدِّم إليهما الشاي، وأرسل غافريلا غافريلوفيتش خادمة إلى ماريا غافريلوفنا لتعرف منها كيف صحَّتها، وكيف قضت ليلتها. عادت الخادمة وأعلنت أنَّ نوم الآنسة كان رديئًا، وأنَّها الآن أفضل، وأنَّها ستأتي حالًا إلى غرفة الجلوس. فُتح الباب فعلًا في هذه اللحظة، ودخلت ماريا غافريلوفنا لتُلقي تحيَّة الصباح على والديها.

- «كيف حال رأسك يا ماشا؟»، سأل غافريلا غافريلوفيتش.
- «أنا أفضل الآن يا بابا»، أجابت ماشا.
- «لا بدَّ من أنَّك كنت ساخنة مساء أمس»، قالت براسكوفيا بتروفنا.
- «أظنُّ ذلك يا ماما»، أجابت ماشا.

انقضى النهار على خير، لكنَّ صحَّة ماشا ساءت في الليل. أرسلوا صباحًا في طلب الطبيب من المدينة. وصل في المساء فوجد المريضة تهذي. كانت مريضتنا المسكينة تعاني من حمَّى شديدة، ظلَّت بسببها أسبوعين على حافَّة القبر.

لم يعرف أحد من أهل البيت بأمر الهرب المفترض، فالرسائل التي كتبتها عشية ذلك اليوم أُحرقت، ولزمت خادمتها الصمت، خوفًا من غضب سادتها. كذلك كان لدى القسِّيس والضابط المتقاعد والمسَّاح ذي الشارب والفارس الفتيِّ من الأسباب ما جعلهم يصمتون. أمَّا الحوذيُّ تيريشكا فلم يكن من عاداته أن يثرثر حتى حين يكون ثملًا. وهكذا بقي السرُّ محفوظًا عند أكثر من نصف دستة من المتآمرين، غير أنَّ ماريا غافريلوفنا نفسها راحت تفضح سرَّها في هذيانها

المستمرّ، كان كلامها مشوّشًا، فحتى أمُّها نفسها التي كانت تلازم سريرها، لم تفهم من كلماتها غير المترابطة سوى أنَّ ابنتها تحبُّ فلاديمير نيكولايفيتش حتى الموت، فقدَّرت، أنَّ هذا الحبَّ هو، في الغالب، سبب مرضها. شاورت زوجها وبعض الجيران فقرَّر الجميع، في نهاية المطاف، أنَّ ذلك قدر لماريا، وأنَّ المرء لا يستطيع تخطِّي القدر على صهوة جواد، وأنَّ الفقر ليس عيبًا، وأنَّها لن تعيش مع الثروة بل مع الإنسان، وما شابه ذلك. ومن المعلوم أنَّ لهذه المُثل الأخلاقية فائدة مدهشة في تلك الحالات التي لا نستطيع فيها أن نختلق من تلقاء أنفسنا أسبابًا كافية للقبول بها.

في هذه الأثناء، كانت الآنسة تتماثل للشفاء. أمَّا فلاديمير فلم يَزُر منزل غافريلا غافريلوفيتش منذ زمن بعيد، كان يخشى من الاستقبال المعهود، فقرَّروا إرسال دعوة له يُعلمونه فيها بالسعادة التي لم يكن يتوقَّعها: الموافقة على زواجه. لكنَّ دهشة ملَّاكي نينارادوفا كانت عظيمة حين تلقَّيا منه جوابًا على دعوتهما، رسالة نصف مجنونة أبلغهما فيها أنَّ قدمه لن تطأ أرض منزلهما أبدًا، وطلب منهما أن ينسياه، هو الشقيُّ الذي صار الموت أمله الوحيد. وبعد بضعة أيَّام علِما أنَّ فلاديمير التحق بالجيش. كان ذلك في عام 1812. ظلَّا زمنًا طويلًا، لا يجرؤان على إخبار ماشا المتماثلة للشفاء بذلك. وهي لم تذكر فلاديمير أبدًا، لكنَّها بعد عدَّة أشهر وجدت اسمه في عداد المتميِّزين المصابين بجراح بليغة في ضواحي بورودينو، فأغمي عليها، وخاف أبواها أن تعاودها الحمَّى، غير أنَّ الإغماء لم يخلِّف عواقب والحمد لله.

حدث محزن آخر حلَّ بها: توفِّي غافريلا غافريلوفيتش تاركًا إيَّاها وريثة لأملاكه كلِّها. لكنَّ الميراث لم يخفِّف من حزنها، بل تقاسمت هي وأمُّها المسكينة براسكوفيا بتروفنا حزنًا صادقًا، وأقسَمت ألَّا تفترق عنها أبدًا، فتركت الاثنتان نينارادوفا، مكان الذكريات الحزينة، وذهبتا للإقامة في بلدة ---.

وهنا حام العرسان حول العروس اللطيفة، الثريَّة. لكنَّها لم تمنح أحدًا منهم أي بصيص أمل. كانت الأمُّ تحاول أحيانًا إقناعها بانتقاء صديق، فتهزُّ ماريا

غافريلوفنا رأسها وتغرق في أفكارها. فلاديمير لم يعد موجودًا: مات في موسكو عشيَّة وصول الفرنسيين إليها. كانت ذكراه مقدَّسة بالنسبة لماشا، فهي، على الأقل، احتفظت بكلِّ ما يذكِّرها به: الكتب التي قرأها في يوم ما، رسومه، نوتاته الموسيقية، والأشعار التي أرسلها لها. حين عرف الجيران بذلك كلِّه، دُهشوا من وفائها، وراحوا ينتظرون بفضول ظهور البطل الذي يجب أن يتغلَّب أخيرًا على الإخلاص الحزين لهذه الآرتيميزا العذراء.

في هذه الأثناء انتهت الحرب بالنصر، فبدأت أفواجنا تعود من الخارج، وهرع الشعب للقائهم. عزفت الموسيقى أغاني المغلوبين: Vive Henri-quatre[1]، وفالسات التيرول، وأشعارًا من أوبرا «الجوكندا». وعاد الضبَّاط الذين ذهبوا في الحملة فتيانًا، وقد اكتملت رجولتهم في رياح المعارك، وغطَّت صدورهم أوسمة الشجاعة. كان الجنود يتحادثون فيما بينهم بمرح، مدخلين بكثرة في أحاديثهم كلمات ألمانية وفرنسية.

يا له من زمن لا يُنسى! زمنٍ للمجد والحماسة! كم كان شديدًا خفقان القلب الروسي أمام كلمة «وطن»! وكم كانت حلوة دموع اللقاء! ما أروع الإجماع الذي اتَّحدت فيه في نفوسنا مشاعر الاعتزاز الشعبي وحبُّ القيصر! وما أعظم تلك اللحظة التي عاشها القيصر!

والنساء، النساء الروسيات صرن رائعات روعة لا مثيل لها. برودتهنَّ المعتادة اختفت. وحماستهنَّ باتت تبعث النشوة حقًّا، وهنَّ يستقبلن المنتصرين بصيحة: «هورا!»... ويقذفن القبَّعات في الهواء.

مَن مِن ضبَّاط ذلك الزمن لا يعترف بأنَّه مدين للمرأة الروسية بأفضل وأغلى مكافأة نالها!

في هذا الزمن المتألِّق كانت ماريا غافريلوفنا تُقيم مع أمِّها في مقاطعة ---، فلم تشهد كيف احتفلت العاصمتان بعودة القوَّات. ولكنَّ الحماسة العامَّة لم تكن

(1) يعيش هنري الرابع.

في الأرياف والقرى أقل، بل ربما كانت أكثر منها فيهما. وظهور ضابط في تلك الأماكن كان يعني فوزه فوزًا حقيقيًّا، وحظًّا سيِّئًا لأي عاشق مدني يجاوره.

سبق أن قلنا إنَّ ماريا غافريلوفنا كانت، على الرغم من برودة طبعها، محاطة كالعادة بالطامحين، الذين اضطرُّوا جميعًا إلى الانسحاب حين ظهر في قصرها العقيد الجريح من سلاح الفرسان بورمين، يزيِّن صدره وسام القديس غيورغي، وفي وجهه شحوب جذَّاب، على حدِّ قول الصبايا في تلك الناحية. كان عمره يقرب السادسة والعشرين. وقد جاء في إجازة إلى مزرعته المجاورة لقرية ماريا غافريلوفنا. فاهتمت به ماريا غافريلوفنا اهتمامًا شديدًا. كانت تنتعش في حضرته ويزايلها شرودها المعتاد. نحن لا نستطيع أن نقول إنَّها كانت تحاول إغراءه، ولكن، لو رأى سلوكها شاعر لقال: Se amore non, che dunque?[1]

لقد كان بورمين، في واقع الأمر، شابًّا لطيفًا جدًّا، عقله من ذلك النوع الذي يُعجب النساء: عقل مهذَّب، قويُّ الملاحظة، خالٍ من الادِّعاء، ومزوح من دون مبالاة، وكان سلوكه مع ماريا غافريلوفنا بسيطًا وطليقًا، ولكنَّ روحه وبصره كانا يلاحقان كلَّ ما تقوله أو تفعله. كان مظهره ينمُّ عن طبع هادئ ومتواضع، ولكنَّ الإشاعات أكَّدت أنَّه كان في زمن ما ماجنًا طائشًا إلى حدٍّ فظيع، غير أنَّ ذلك لم يؤثِّر سلبًا في نظرة ماريا غافريلوفنا إليه، فهي، مثل جميع السيِّدات الفتيَّات، غفرت له بسرور طيشه، الذي وجدت فيه تعبيرًا عن الشجاعة وحرارة الطبع.

ما أثار فضولها وخيالها أكثر من كلِّ شيء آخر (أكثر من رقَّته، ومن حديثه الممتع، ومن شحوبه الجذَّاب، ومن يده المضمَّدة) كان صمت الفارس الشابِّ. لم يكن بمقدورها ألَّا ترى أنَّه معجب بها إعجابًا شديدًا، وأنَّه، على الأرجح، قد لاحظ بعقله وخبرته، أنَّها تُفضِّله: فلماذا إذن، لم تره حتى الآن راكعًا عند قدميها، ولم تسمع منه اعترافه بالحبِّ؟ ما الذي يمنعه؟ أهو الخجل الذي يلازم الحبَّ الصادق، أم هو الاعتداد بالنفس، أم هو دلال زير نساء؟ كان ذلك بالنسبة

---

(1) إذا لم يكن هذا حبًّا، فما هو؟ (بالإيطالية).

إليها لغزًا غامضًا. فكَّرت جيِّدًا، ثم قرَّرت أنَّ الخجل هو السبب الوحيد لصمته، وارتأت أن تشجِّعه بالاهتمام الكبير، والرقَّة حين تقتضي الظروف ذلك، ودبَّرت حلًّا مفاجئًا لهذه الحالة، وشرعت تنتظر لحظة اعترافه الرومانسي بنفاد صبر. السرُّ دائمًا، أيًّا كان نوعه، عبء على قلب المرأة. لقد حقَّقت أعمالها الهجومية النجاح المأمول، فوقع بورمين في شرود الفكر: وراحت عيناه السوداوان ترمقان ماريا غافريلوفنا بنظرات نارية، بدا معها أنَّ اللحظة الحاسمة باتت قريبة. وتحدَّث الجيران عن حفل الزفاف بوصفه أمرًا محتومًا، وابتهجت بروسكوفيا بيتروفنا بحصول ابنتها، في نهاية المطاف، على عريس لائق.

وذات يوم، بينما كانت العجوز وحيدة في غرفة الجلوس، تمارس التبصير بورق اللعب، دخل بورمين الغرفة وسأل على الفور عن ماريا غافريلوفنا.

- «إنَّها في الحديقة»، أجابت العجوز، «اذهب إليها أمَّا أنا فسأبقى أنتظركما هنا».

ذهب بورمين، فرسمت العجوز شارة الصليب، وقالت في سرِّها: «ليت الأمر ينتهي اليوم!».

وجد بورمين ماريا غافريلوفنا عند البركة، تحت شجرة الصفصاف. كانت ترتدي ثوبًا أبيض، وتحمل في يدها كِتابًا، فكأنَّها بطلة حقيقية من رواية عاطفية. تعمَّدت ماريا غافريلوفنا، بعد العبارات الأولى المعتادة، عدم متابعة الحديث، فزاد ذلك من ارتباكهما المتبادل، الذي لا يمكن الخلاص منه إلَّا باعتراف مفاجئ حاسم. وهذا ما حدث فعلًا، فقد أعلن بورمين، الذي شعر بحراجة موقفه، أنَّه كان يبحث منذ زمن عن فرصة يفتح لها فيها قلبه، ورجاها أن تمنحه دقيقة اهتمام. أغلقت ماريا غاريلوفنا الكتاب، وغضَّت بصرها علامة الموافقة.

- «أنا أحبُّك»، قال بورمين، «أنا أحبُّك بجنون»...

تورَّد وجه ماريا غافريلوفنا وازدادت إطراقتها.

- لقد تصرَّفت بطيش حين استسلمت لعادة لطيفة، عادة رؤيتك وسماع

حديثك كلَّ يوم... (تذكَّرت ماريا غافريلوفنا رسالة St. Preux[1] الأولى) لقد فات الآن وقت مقاومة قدري. ذكرياتي عنك، وعن صورتك الجميلة التي لا تُضاهى، ستكون من اليوم عذابي وبهجة حياتي. ولكن ثمَّة واجب ثقيل لا يزال عليَّ أن أؤدِّيه، هو أن أكشف لك سرًّا فظيعًا، فأضع بيننا حاجزًا لا يمكن تجاوزه.

- «لقد كان هذا الحاجز موجودًا دائمًا»، قاطعته ماريا غافريلوفنا بحدَّة، «أنا لم أكن يومًا قادرة على أن أكون زوجتك».
- «أعرف»، أجابها بهدوء، «أنا أعرف أنَّك أحببت يومًا ما، ولكنَّ الموت وثلاثة أعوام من الحزن... أرجوك يا ماريا غافريلوفنا الطيِّبة الحبيبة! لا تحاولي حرماني من عزائي الأخير: فكرة أن توافقي على صنع سعادتي، لو... اصمتي، بحق الله، اصمتي. أنت تعذبينني. نعم، أنا أعرف، أنا أشعر أنَّك ستكونين لي، ولكن، أنا أتعس الكائنات... أنا متزوج!».

نظرت إليه ماريا غافريلوفنا دهِشة.

- أنا متزوج، أنا متزوج منذ أربعة أعوام، ولا أعرف من زوجتي ولا أين هي، وهل سألتقي بها في وقت من الأوقات!

هتفت ماريا غافريلوفنا:

- ماذا تقول؟ ما أغرب هذا! تابع كلامك، سأخبرك فيما بعد... ولكن تابع من فضلك.
- في أوائل عام 1812، كنت مسرعًا إلى بلدة فيلنو، حيث فوجنا. وذات يوم، وصلت إلى إحدى المحطَّات في المساء المتأخِّر. وكدت أطلب إعداد الخيول بسرعة حين هبَّت فجأة عاصفة ثلجية فظيعة، فنصحني ناظر المحطَّة والحوذيون بالانتظار. سمعت نصيحتهم، ولكنَّ قلقًا

---

(1) القديس برو.

غامضًا تملَّكني، كما لو أنَّ أحدهم كان يدفعني دفعًا إلى المغادرة. استمرَّ هطول الثلج ونفد صبري، فأمرتُ بإعداد الخيول وانطلقت في قلب العاصفة. ارتأى الحوذي أن نسير بمحاذاة النهر، فهذا يجعل طريقنا أقصر بثلاثة فراسخ. كانت ضفَّتا النهر مغمورتين بالثلج، فأضاع الحوذي المكان الذي يتوجَّب علينا فيه أن نعود إلى الطريق، وهكذا وجدنا نفسينا في ناحية مجهولة. والعاصفة ما زالت على أشدِّها. رأيت ضوءًا فأمرت بالتوجُّه نحوه. وصلنا إلى قرية، الضوء ينبعث من كنيسة خشبية. كانت الكنيسة مفتوحة، وقد وقفَت وراء سورها عدَّة زحَّافات، وبعض الناس يمشون إلى جوارها: 'إلى هنا! إلى هنا!'، صاحت عدَّة أصوات. أمرت الحوذيَّ بالاقتراب منهم. 'ويحك، أين تأخَّرت؟'، قال لي أحدهم، 'العروس مغمى عليها، والقسُّ لا يدري ماذا يفعل، ونحن نستعدُّ للعودة من حيث أتينا. هيَّا انزل بسرعة'. قفزت من العربة صامتًا ودخلت إلى الكنيسة حيث كان الضوء الخافت ينبعث من شمعتين أو ثلاث، وثمَّة فتاة تجلس على مقعد في زاوية الكنيسة المعتمة، وأخرى تدلِّك صدغيها. 'الحمد لله أنَّك وصلت أخيرًا'، قالت هذه الأخيرة، 'لقد كدت تقتل سيِّدتي'. واقترب القسُّ منِّي يسألني: 'هل نبدأ؟'. 'ابدأ، ابدأ، يا أبتِ'، أجبته شارد الذهن. أنهضوا الفتاة، فبدت لي جميلة... تملَّكتني حالة غامضة من الطيش، لا تغتفر... وقفت إلى جانبها أمام المذبح، كان الكاهن في عجلة من أمره، وثلاثة رجال والخادمة يساعدون العروس منشغلين بها وحدها. وهكذا عقد قراننا، وقالوا لنا: 'هيَّا، ليقبِّل أحدكما الآخر'. أدارت زوجتي وجهها الشاحب نحوي، وهممت بتقبيلها... فصرخت: 'آي، هذا ليس هو!'، وسقطت فاقدة الوعي. حدَّق الشهود فيَّ مذعورين، فاستدرت وخرجت من الكنيسة من دون أي عائق. ألقيت نفسي في العربة وصرخت: 'انطلق!'.

صرخت ماريا غاريلوفنا:

- يا إلهي! وأنت لا تعرف ماذا حلَّ بزوجتك المسكينة؟
- لا أعرف، لا أعرف اسم تلك القرية التي زُوِّجت فيها، ولا أذكر المحطَّة التي انطلقت منها. في ذلك الحين، لم أُقم كبير وزن لفعلتي الآثمة، بل غفوت بعد مغادرة الكنيسة، ولم أستيقظ إلَّا في اليوم التالي، بعد أن اجتزنا ثلاث محطَّات. لقد مات الخادم الذي رافقني في تلك الحملة، وهكذا فقدت كلَّ أمل في البحث عن تلك التي عبثت معها ذلك العبث الفظيع، فثأرت مني الآن هذا الثأر القاسي.

هتفت ماريا غافريلوفنا وهي تمسك يده:

- يا إلهي، يا إلهي! أنت، إذن، من كان يومذاك! وأنت الآن لا تعرفني؟

اعترى الشحوب بورمين... وارتمى على قدميها...

الحانوتي

ألا نرى في كلِّ يوم
توابيت شيَّاب الكون المهترئ.
من قصيدة «الشلَّال»
ديرجافين

النموذج الذي استوحى منه الكاتب بطله شخصية حقيقية: حانوتي يملك ورشة لنجارة التوابيت في شارع نيكيتينسكايا في موسكو (شارع غيرتسين حاليًّا، المنزل رقم 5). حيث كانت تعيش ن. ن. غونتشاروفا، زوجة بوشكين. والحوادث كلُّها تجري في المكان نفسه. فغير بعيد عنه توجد بوابة نيكيتينسكايا، وكنيسة القيامة المذكورة في القصَّة. والمسافة بين بيت أدريان وباسمانيا (حاليًّا شارع باومن) وبين ساحة رازغولاي لا تزيد على خمسة كيلومترات.

آخر متاع الحانوتي أدريان بروخوروف تكوَّم في عربة نقل الموتى، التي راح حصانان ناحلان يجرَّانها للمرَّة الرابعة من باسمانيا إلى نيكيتنسكايه، التي نقل إليها الحانوتي بيته كلَّه. أغلق دكَّانه، وعلَّق على البوَّابة إعلانًا عن عرض المنزل للبيع أو للإيجار، ثم مضى ماشيًا إلى مسكنه الجديد. وحين اقترب الحانوتي العجوز من البيت الأصفر الصغير الذي ظلَّ يشغل خياله منذ زمن، إلى أن اشتراه أخيرًا مقابل مبلغ محترم، شعر بالدهشة لأنَّ قلبه لم يبتهج. فبعد أن تخطَّى العتبة التي لم يكن يعرفها قبلًا، ووجد الفوضى سائدة في مسكنه الجديد، تنهَّد متحسِّرًا على كوخه المتداعي حيث كان كل شيء مرتَّبًا في نظام صارم طوال ثمانية عشر عامًا، ثم راح يوبِّخ بنتيه والخادمة على بُطئهنَّ، وشرع يساعدهنَّ بنفسه.

حلَّ النظام في البيت سريعًا؛ رفُّ الأيقونات، وخزانة الأواني، والطاولة، والديوانة، والسرير، وُضعت كلُّها في زوايا محدَّدة في الغرفة الداخلية، وشغلت مصنوعات صاحب الدار: التوابيت من كلِّ الألوان وكلِّ القياسات، وكذلك خزانات قبَّعات التشييع والأثواب والمشاعل، غرفة الجلوس والمطبخ. ورُفعت فوق البوَّابة لوحة تصوِّر إله الحبِّ آمور ضخمًا وفي يده مشعل مقلوب، وقد كُتب في أسفلها: «تُباع هنا، وتبطَّن التوابيت العادية والمدهونة، كذلك تؤجَّر هنا التوابيت ويتمُّ إصلاح القديم منها». مضت الفتاتان إلى غرفتيهما، أمَّا أدريان فجال في مسكنه، ثم جلس قرب النافذة الصغيرة وأمر بإعداد السماور.

القارئ المتنوِّر يعرف أنَّ شكسبير ووالتر سكوت صوَّرا الحانوتيين في أعمالهما مرحين وأصحاب دعابة، لكي يزيدا في إثارة خيالنا بهذا التناقض. نحن لا نستطيع الاقتداء بهما، فاحترام الحقيقة يجعلنا مضطرِّين إلى الاعتراف بأنَّ طبع حانوتيِّنا يتطابق تمامًا وحرفته الكئيبة. كان أدريان بروخوروف في العادة، متجهِّمًا، شارد الذهن. ولم يكن يخرق الصمت إلَّا لكي يؤنِّب ابنتيه حين يضبطهما

جالستين من دون عمل، تتأمَّلان المارَة عبر النافذة، أو لكي يطلب ثمنًا عاليًا لبضاعته من أولئك المنكودين (وأحيانًا- المحظوظين) الذين يحتاجونها. هكذا كان أدريان غارقًا، كالعادة، في أفكاره الحزينة، وهو جالس قرب النافذة، يشرب كوب الشاي السابع. كان يفكِّر بالمطر الغزير الذي استقبل جنازة عميد متقاعد عند بوَّابة المدينة بالضبط. أثواب كثيرة ضاقت بسبب ذلك، وخربت أشكال قبَّعات كثيرة. وتوقَّع نفقات حتمية، لأنَّ احتياطيه القديم من أزياء التشييع صار في حالة يرثى لها. كان يأمل أن يعوِّض الخسارة من جنازة التاجرة العجوز تريوخينا، التي ما زالت تحتضر منذ عام. كانت تريوخينا تموت في شارع رازغولاي، وكان بروخوروف يخشى أن يتكاسل ورثتُها فلا يرسلوا في طلبه من هذا المكان البعيد، على الرغم من وعدهم له بذلك، ويفضِّلوا الاتفاق مع أقرب حانوتي.

انقطعت هذه الأفكار مصادفة بثلاث دقَّات فرانماسونية(1) على الباب.

- «من هناك؟»، سأل الحانوتي.

فُتح الباب ودخل الغرفة رجل، تعرف من النظرة الأولى أنَّه حرفي ألماني، واقترب من الحانوتي باديَ المرح.

- «معذرة أيَّها الجار اللطيف»، قال بلهجة روسية لا نستطيع حتى اليوم أن نسمعها من دون أن نضحك، «سامحني على الإزعاج... لقد أردت التعرُّف إليك بسرعة. أنا إسكافي، اسمي غوتليب شولتز، أسكن في الطرف الآخر من الشارع، في البيت المقابل لنوافذ بيتك. غدًا سأحتفل بعيد زواجي الفضِّي، أرجوك، أنت وابنتيك، أن تتناولوا الغداء عندي في جلسة أصدقاء».

استُقبلت الدعوة بالإيجاب. ودعا الحانوتيُّ الإسكافيَّ إلى الجلوس، وشُرب كوب من الشاي. وبفضل طبع غوتليب شولتز السمح، نشأ بينهما سريعًا حديث ودِّي.

_____
(1) الدقَّات الثلاث شعار الجمعية الماسونية الفرنسية السرِّية.

- «كيف حال تجارة حضرتك؟»، سأل أدريان.
- «إي.. خي.. خي»، أجاب شولتز، «متقلِّبة. ليس هناك ما يدعو للشكوى. غير أنَّ بضاعتي تختلف عن بضاعتك: الإنسان الحيُّ يتدبَّر أمره من دون حذاء، أمَّا الميت فلا يُشيَّع من دون تابوت».
- «كلامك هو الحقيقة عينها»، لاحظ أدريان، «ولكن، لا تشفق على الإنسان الحيِّ، إذا لم يكن يملك ما يشتري به حذاء، فهو سيمشي حتى لو كان حافيًا، أمَّا الفقير الميت، فسيحصل على تابوت، لو بالمجان».

استمرَّ الحديث بينهما على هذا النحو بعض الوقت، ثم نهض الإسكافي فودَّع الحانوتي مكرِّرًا دعوته للغداء.

في اليوم التالي، في الساعة الثانية عشرة تمامًا، خرج الحانوتي وابنتاه من بوَّابة الدار التي اشتراها حديثًا، وتوجَّهوا إلى بيت الجيران. لن أصف القفطان الروسي الذي ارتداه أدريان بروخوروف، أو الزيَّ الأوروبي لأكولينا وداريا، متخلِّيًا بذلك عن العادة التي يتَّبعها الرومانتيكيون المعاصرون. ولكنِّي أفترض أنَّه ليس من نافلة القول ذكر أنَّ البنتين اعتمرتا قبَّعتين صفراوين وانتعلتا حذاءين أحمرين، وهذا ما لا تفعلانه إلَّا في المناسبات الرسمية.

كانت شقَّة الإسكافي الصغيرة غاصَّة بالضيوف وغالبيتهم من الحرفيين الألمان وزوجاتهم ومعاونيهم. ولم يكن من الضيوف الروس غير الحارس الفنلندي، يوركو، الذي استطاع رغم ضآلة رتبته أن يحظى بمودَّة خاصَّة عند ربِّ البيت. قبل حوالي خمسة وعشرين عامًا عيَّن يوركو بهذه الرتبة موظف بريد في بوغوريلسكويه حيث عمل بصدق وإخلاص. حريق العام اثني عشر الذي دمَّر العاصمة الأولى للإمبراطورية، دمَّر أيضًا برَّاكته الصفراء. ولكن، ما إن طُرد العدو حتى ظهرت مكانها برَّاكة جديدة رمادية اللون في مدخلها أعمدة صغيرة بيضاء من النمط الدوري، وعاد يوركو يطوف حولها متسلِّحًا ببلطة ودرع من القماش السميك. كان يعرف غالبية الألمان القاطنين في جوار بوابة نيكيتنسكويه:

أحدهم كان يبيت أحيانًا عند يوركو ليلة يوم الأحد/ الاثنين، عرفه أدريان سريعًا بوصفه رجلًا قد يحدث أن يحتاجه عاجلًا أو آجلًا، وحين انتقل الضيوف إلى المائدة، جلس الرجلان متجاورين. السيِّد والسيِّدة شولتز وابنتهما لوتخين، ذات السبعة عشر ربيعًا، راحوا في أثناء تناولهم الغداء مع الضيوف، يقدِّمون لهم شتَّى الأطعمة، ويساعدون الطبَّاخة في الخدمة. انسكبت البيرة بغزارة. أكل يوركو ما يُشبع أربعة رجال، ولم يكن أدريان أقلَّ منه نهمًا، أمَّا البنتان فشعرتا بالخجل! ازداد صخب الحديث باللغة الألمانية بمرور الوقت، وفجأة طلب ربُّ المنزل الانتباه، وصاح باللغة الروسية وهو ينزع سدَّادة زجاجة مختومة:

- في صحَّة لويزا الطيبة!

تطايرت رغوة النبيذ الشبيه بالشمبانيا، وقبَّل ربُّ المنزل برقَّة الوجه النضر لرفيقته ذات الأربعين عامًا، فشرب الضيوف بصخب في صحَّة لويزا الطيبة.

- «وفي صحَّة ضيوفي اللطفاء!»، صاح ربُّ المنزل وهو ينزع سدَّادة الزجاجة الثانية.

فشكره الضيوف وجفَّفوا كؤوسهم مرَّة ثانية. هنا بدأت الأنخاب تتتالى: فشربوا في صحَّة كلِّ ضيف، وشربوا تحديدًا في صحَّة موسكو ودستة كاملة من المدن الألمانية الصغيرة، شربوا في صحَّة كلِّ الورشات عمومًا، وفي صحَّة كلِّ ورشة على حدة. شربوا في صحَّة أصحاب الورشات ومعاونيهم. شرب أدريان بحماسة وانتابه فرح دفعه، هو نفسه، إلى اقتراح نخب يتَّسم بالدعابة. وفجأة، رفع ضيف، خبَّاز بدين، كأسه وهتف:

- في صحَّة أولئك الذين نعمل لأجلهم Unserer Kundleute[1].

استقبل الاقتراح كسائر الاقتراحات بالبهجة والإجماع. وشرع الضيوف يتبادلون التحيَّة بالانحناء، الخيَّاط للحذَّاء، والحذَّاء للخيَّاط، والخبَّاز للاثنين، وهما للخبَّاز وهكذا. وفي قلب هذه التحيَّات المتبادلة صاح يوركو مخاطبًا جاره:

---

(1) زبائننا (بالألمانية).

- ما بالك؟ هيَّا اشرب يا باباتي في صحَّة أمواتك.

قهقه الجميع، ولكنَّ الحانوتي عدَّ ذلك إساءة، وعبس. لم يلحظ أحد ذلك، بل واصل الضيوف الشرب، وحين نهضوا عن المائدة كان وقت قدَّاس المساء قد حان.

تفرَّق الضيوف في وقت متأخِّر، وكان معظمهم ثملًا إلى حدٍّ ما. الخبَّاز البدين ومجلِّد الكتب الذي بدا وجهه ككتاب ضخم مجلَّد بجلد أحمر، قادا يوركو إلى برَّاكته، مراعين في هذه الحالة المثل الروسي القائل: «الدَّيْن جميل بردِّه». أمَّا الحانوتي فعاد إلى بيته سكران غاضبًا.

- «كم هذا غريب حقًّا»، قال يناجي نفسه بصوت مسموع، «ما الذي يجعل مهنتي أقلَّ نزاهة من غيرها؟ هل الحانوتي أخو الجلَّاد؟ ما الذي أضحك هؤلاء الكفَّار؟ هل الحانوتي مهرِّج يُضحك الناس في الأعياد. وددت أن أدعوهم إلى الاحتفال بالمسكن الجديد، وأقيم لهم وليمة عامرة: لا، هذا لن يكون. سأدعو أولئك الذين أعمل لأجلهم فقط: سأدعو الموتى البروفوسلافيين المؤمنين».

- «ما هذا الذي تقوله يا باباتي؟»، قالت الخادمة التي كانت في هذا الوقت تنزع حذاءه، «استغفر ربَّك! دعوة الموتى إلى الاحتفال بالمسكن الجديد! يا لها من فكرة طائشة!».

- «والله سأدعوهم»، تابع أدريان، «وفي يوم غد. يشرِّفني، يا أصحاب الفضل، أن تحضروا حفلتي غدًا مساء، فأقدِّم لكم ما رزقني الله».

قال الحانوتي هذه الكلمة وهو يأوي إلى سريره، وسرعان ما علا شخيره.

أيقظوا أدريان والظلام لا يزال مخيِّمًا في الفناء. التاجرة تريوخينا ماتت في هذه الليلة، فأرسل وكيلها رسولًا على ظهر حصان ينبِّئ أدريان بذلك، أعطى الحانوتي الرسول عشرة كوبيكات لشراء الفودكا، وارتدى ملابسه على عجل، ثم استأجر عربة وانطلق إلى شارع رازغولاي. كانت الشرطة تقف في مدخل

بيت التاجرة، والتجَّار يحومون كغربان يتشمَّمون جسدًا ميتًا. الميِّتة ممدَّدة على الطاولة، صفراء كالشمع، ولكنَّ الذبول لم يشوِّهها بعد. وقد احتشد بالقرب منها الأقارب والجيران وأهل بيتها. النوافذ كلُّها مفتوحة، والشموع موقدة، والقساوسة يتلون الأدعية. اقترب أدريان من ابن أخي تريوخينا، التاجر الشابِّ الذي كان يرتدي سترة عصرية طويلة، وأبلغه أنَّ التابوت والشموع والغطاء، وغير ذلك من لوازم الجنازة ستحضر حالًا بكامل جهوزيتها. شكره الوريث الشارد الذهن، قائلًا إنَّه لن يساومه بشأن السعر، بل سيترك ذلك لضميره. راح الحانوتي كعادته، يقسم الأيمان مؤكِّدًا أنَّه لن يأخذ قرشًا زيادة. ثم تبادل نظرة ذات مغزى مع وكيل المتوفَّاة وانطلق يسعى. ظلَّ اليوم كلَّه يتنقل بين رازغولاي ونيكيتينسكيه، وبحلول المساء أتمَّ العمل كلَّه، ومضى إلى بيته ماشيًا بعد أن صرف الحوذي. كانت الليلة مقمرة. وصل الحانوتي بسلام إلى بوابة نيكيتينسكيه. عند كنيسة فوزينيسينيه[1] ناداه صاحبه يوركو الذي تكلَّمنا عنه، وحين عرف أنَّه الحانوتي تمنَّى له ليلة طيِّبة. كان الوقت متأخِّرًا. اقترب الحانوتي من بيته فبدا له أنَّ أحدهم يقترب من البوابة، يفتحها ويختفي وراءها. «ما معنى هذا؟»، قال في سرِّه، «من تُراه يحتاجني أيضًا؟ أهو لصٌّ تسلَّل إلى بيتي؟ أم أنَّ العشَّاق يجيئون إلى ابنتيَّ الحمقاوين؟ لا قدَّر الله!». خطر في بال الحانوتي أن ينادي في الحال صاحبه يوركو لنجدته. وفي هذه الدقيقة اقترب شخص آخر من البوَّابة وأراد الدخول، لكنَّه حين رأى صاحب البيت يركض، توقَّف وخلع قبعته. بدا وجهه مألوفًا لأدريان، غير أنَّه لم يتمكَّن من رؤيته جيِّدًا بسبب العجلة.

- «هل جئت لتشريفي بزيارة؟»، قال أدريان لاهثًا، «ادخلْ، تفضَّلْ بالدخول».
- «لا تجامل يا صاح»، أجابه بصوت جافٍّ، «سِرْ في المقدِّمة، أرِ الضيوف الطريق!».

---

(1) القيامة (المترجم).

لم يكن لدى أدريان وقت للمجاملة. كان الباب مفتوحًا، صعد درجات السلَّم يتبعه الآخر. فبدا له أنَّ أناسًا يطوفون في غرف منزله. «ما هذا الحال الشيطاني!»، قال في سرِّه، وسارع يحاول الخروج... لكنَّ ساقيه خانتاه. كانت الغرفة ممتلئة بالأموات، وكان القمر يضيء عبر النافذة وجوههم الصفراء الشاحبة، وأفواههم المتهدِّلة، وعيونهم العكرة نصف المغلقة، وأنوفهم البارزة... عرف أدريان مرعوبًا أنَّ هؤلاء هم الناس الذين دُفنوا بجهوده، وقد جاء لزيارته معهم العميد الذي دُفن في أثناء هطول المطر الغزير. تحلَّقوا جميعًا، نساء ورجالًا، حول الحانوتي يقدِّمون له التحيَّة والترحيب، ما عدا فقيرًا واحدًا دُفن مجَّانًا منذ فترة وجيزة، لم يقترب، بل ظلَّ واقفًا في الزاوية في تواضع، خجلًا من أسماله البالية. الآخرون جميعًا كانوا يرتدون ملابس محترمة: الراحلات يعتمرن قبَّعات ذات شرائط، والموظَّفون الموتى ببزَّاتهم الرسمية ولحاهم غير المحلوقة، والتجَّار بقفاطين الأعياد.

- «انظرْ يا بروخوروف»، قال العميد باسم المجموعة الشريفة كلها، «لقد سارعنا جميعًا لتلبية دعوتك. لم يبقَ في بيته إلَّا أولئك العجزة الذين اهترؤوا تمامًا، ومن صار عظمًا بلا جلد، ولكن جاء معنا واحد لم يُطق التخلُّف، فقد رغب رغبة شديدة في زيارتك»...

في هذه الدقيقة خرج من بين الجمهور هيكل عظمي صغير واقترب من أدريان. جمجمته كانت تبتسم للحانوتي بحنان، ونتف القماش الأخضر الفاتح والأحمر، والخام المهترئ، تتدلَّى عليه كأنَّها على عصا وعظام قدميه تقرقع في حذاء ركوب عالي الساق، كأنَّها مدقَّة في هاون.

- «أنت لم تعرفني يا بروخوروف»، قال الهيكل العظمي، «أتذكر الرقيب المتقاعد في سلاح الفرسان بيوتر بيتروفيتش كوريلكين، ذلك الذي بعته في عام 1799 أوَّل تابوت صنعته زاعمًا أنَّه من خشب السنديان وهو من خشب السرو؟».

قال الميِّت ذلك وبسط عظام ذراعيه محاولًا عناقه، لكنَّ أدريان استجمع

قواه، وصرخ وهو يدفعه عنه. بيتر بيتروفيتش ترنَّح ثم سقط وانفرط تمامًا. تصاعدت في هذه الأثناء همهمة بين الأموات، واندفعوا جميعًا يدافعون عن شرف زميلهم، فشتموا أدريان وهدَّدوه، ففقد صاحب البيت المسكين - الذي أصمَّ أذنيه صراخُهم وكاد يسحقه - تماسكه وسقط هو نفسه فوق عظام الرقيب المتقاعد من سلاح الفرسان، وفقد الوعي.

أضاءت الشمس منذ وقت بعيد السرير الذي رقد عليه الحانوتي. فتح عينيه أخيرًا فرأى أمامه خادمته التي كانت تحضِّر السماور. تذكَّر أدريان برعب كلَّ أحداث البارحة. لاحت غامضة في خياله صور تريوخينا والعميد والرقيب كوريلكين. ظلَّ صامتًا ينتظر أن تبدأ الخادمة الحديث معه، فتعلمه عواقب مغامرات الليلة.

- «لقد نمتَ طويلًا يا باباتي، أدريان بروخوروفيتش»، قالت أكسينيا وهي تناوله الروب المنزلي، «جاء لزيارتك جارنا الخيَّاط، وشرطيُّ المحلَّة جاء مسرعًا ليبلغك أنَّ اليوم هو عيد ميلاد رئيس شرطة المنطقة، لكنَّك كنت نائمًا فلم نرد إيقاظك.
- وهل جاء أحد من أهل المرحومة تريوخينا؟
- المرحومة؟ وهل ماتت؟
- يا لكِ من حمقاء! ألستِ أنتِ من ساعدني البارحة في تحضير جنازتها؟
- ماذا تقول يا باباتي؟ هل فقدت عقلك، أم أن سكرة البارحة لم تزايلك؟ أية جنازة كانت البارحة؟ أنت ظللت طول اليوم تسكر عند الألماني، عدت مخمورًا، ارتميت في السرير وبقيت نائمًا حتى هذه الساعة، ساعة قدَّاس الضحى.
- «هكذا إذن!»، قال الحانوتي مبتهجًا.
- «هكذا بالتأكيد»، أجابت الخادمة.
- ما دام الأمر كذلك، هاتي الشاي بسرعة، ونادي على البنتين.

ناظر المحطَّة

إنَّه موظَّف صغير
لكنَّه، في محطَّة البريد ديكتاتور.
من قصيدة «المحطَّة»
الأمير فيازيمسكي

هذه القصَّة التي تتحدَّث عن معاناة الموظَّف الصغير أثَّرت في الأدب الروسي بعد بوشكين، ولا سيَّما في قصص غوغول ودستويفسكي. اختار بوشكين موظَّفًا في أدنى مراتب السُلَّم الوظيفي، بطلًا لقصَّته، إنَّه بحسب وصف بوشكين «معذَّب خالص، لا تحميه رتبته إلَّا من الضرب»، فقد صدرت في عام 1808 «قواعد» خاصَّة، جاء في أحد بنودها: «يُمنع على المسافرين منعًا باتًّا مضايقة ناظري المحطَّات وإهانتهم أو ضربهم».

من منَّا لم يلعن نُظَّار المحطَّات، ومن منَّا لم يتشاجر معهم؟ من منَّا لم يطلب في ساعة غضب، سجلَّ الشكاوى ليسجِّل فيه شكواه غير المجدية من مضايقاتهم وفظاظتهم وأخطائهم في العمل. من منَّا لا يرى فيهم غيلانًا من جنس البشر، أشباحًا شريرة، أو قاطعي طرق من مورمسك على أقل تقدير؟ لكنَّنا سنكون منصفين، سنحاول فهم وضعهم، لعلَّ ذلك يجعل حكمنا عليهم ألين بكثير من هذا الحكم. مَن ناظر المحطَّة؟ إنه معذَّب حقيقي، موظَّف من الدرجة الرابعة عشرة، لا تحميه رتبته إلَّا من الضرب، بل إنَّ هذه الحماية لا تتحقَّق دائمًا (أُشهد على ذلك ضمير قرَّائي). ما وظيفة هذا الرجل الذي لقَّبه الأمير فيازيمسكي مازحًا بالديكتاتور؟ أليست أعمالًا شاقَّة حقيقية؟ لا هدوء في النهار أو في الليل. والمسافر يحمِّل الناظر المسؤولية عن كلِّ ما يعانيه في سفره المضجر: الطقس الرديء، والطريق السيئة، والحوذي العنيد، والخيول البطيئة، كلُّ ذلك سببه الناظر. حين يدخل القادم إلى بيته الفقير، ينظر إليه كعدوٍّ، قد يحالف الحظُّ الناظرَ فيتخلَّص بسرعة من الضيف الذي لم يدعُه، ولكن، ماذا لو لم تتوفَّر الخيل؟ يا إلهي! ما أقذع الشتائم، وما أعظم التهديدات التي تنهال على رأسه!

إنَّه مرغم على الخوض في الوحل وتحت المطر متنقِّلًا بين الدُّور، يخرج في العاصفة والبرد القارس إلى الفناء ليرتاح دقيقة من صراخ النزيل الغاضب ودفعاته. يصل جنرال، فيقدِّم له الناظر المرتعد خوفًا آخِر ما عنده من خيول بما في ذلك خيول البريد. يغادر الجنرال من دون أن يقول «شكرًا». وبعد خمس دقائق، يرنُّ الجرس! ويرمي المراسل على الطاولة أمر مهمَّة سفره! حين ندرك ذلك جيِّدًا، يمتلئ قلبنا بالتعاطف الصادق بدل الغضب. ثمَّة بضع كلمات أُخرى أودُّ قولها: خلال عشرين عامًا سافرتُ كثيرًا في روسيا، في كلِّ الاتجاهات، عرفت كلَّ الدروب ومحطَّات السفر تقريبًا، وأعرف عدَّة أجيال من الحوذيين،

قلائل هم نُظَّار المحطَّات الذين لا أعرفهم بالوجه، وقليلون أولئك الذين لم أحتكَّ بهم في عمل - وأنا آمل أن أنشر قريبًا ما اختزنته من ملاحظات في أسفاري - أمَّا الآن فأكتفي بالقول إنَّ صورة فئة نُظَّار المحطَّات المقدَّمة للرأي العامِّ مغلوطة إلى أقصى حدٍّ. فهؤلاء النُظَّار المُفترى عليهم عمومًا، هم في الحقيقة أناس مسالمون، خدومون جدًّا بطبعهم ميَّالون إلى مشاركة الآخرين، متواضعون في تعاملهم، وليسوا طمَّاعين جدًّا بالمال. في أحاديثهم (التي يستهين بها السادة المسافرون خطأ) الكثير ممَّا يلفت الانتباه ويمنح الخبرة. أنا، من جهتي، أعترف بأنِّي أفضِّل أحاديثهم على خطابات موظَّف ما من الفئة السادسة، مسافر في مهمَّة حكومية.

من السهل أن يدرك القارئ أنَّ لي أصحابًا من فئة نُظَّار المحطَّات. إنَّ ذكرى أحد هؤلاء غالية عندي فعلًا. لقد جمعتنا الظروف في زمن ما، وأنا أنوي الآن التحدُّث عن ذلك إلى القرَّاء الكرام.

في عام 1816، في شهر أيَّار (مايو)، شاءت الظروف أن أجتاز مقاطعة ---، في طريق، هو اليوم مهدَّم. كانت رتبتي صغيرة، أسافر في عربة أجرة خفيفة أبدِّلها عند كلِّ محطَّة وأدفع أجر استبدال حصانين في كلِّ مرحلة. وهذا ما جعل النظَّار يرفعون الكلفة في معاملتي، فكنت غالبًا اضطرُّ إلى خوض المعارك لأحصل على ما أعتقد أنَّه من حقِّي. كنت شابًّا، نزقًا، أغضب من سفالة الناظر وتفاهة روحه حين يعطي الخيول المعدَّة لي، لتسرج إلى عربة نبيل عالي الرتبة. كذلك ظللت زمنًا طويلًا لا أستطيع الاعتياد على أن يتخطَّاني خادم خبير إلى من هو أعلى رتبة، عند تقديم الطعام إلى مائدة الحاكم. أنا الآن أرى أنَّ كلا الأمرين من طبيعة الأشياء. فما الذي كان سيحلُّ بنا، فعلًا، لو أنَّنا استبدلنا بالقاعدة المُرضية للجميع التي تقول: «المنزلة بحسب الرتبة»، قاعدة أخرى مثل: «المنزلة بحسب العقل»؟ أيَّة خصومات ستنشأ؟ وبمن سيبدأ الخدم عند تقديم الطعام؟ الأفضل أن أعود إلى قصَّتي.

كان اليوم حارًّا. وعلى بُعد ثلاثة فراسخ من محطة --، بدأت السماء تُرسل رذاذًا، وفي خلال دقيقة انهمر المطر فبلَّلني حتى العظم. وعند وصولي إلى

المحطَّة كان همِّي الأوَّل تبديل ملابسي بسرعة، وهمِّي الثاني تناول كوب من الشاي.

- «هيي، دونيا!»، صاح الناظر، «حضِّري السماور، واذهبي لإحضار المربَّى».

عند نُطقه بهذه الكلمات، خرجت من وراء الستارة فتاة في نحو الرابعة عشرة، وركضت خارجة إلى الفناء.

صعقني جمالها.

- «هل هذه ابنتك؟»، سألتُ الناظر.
- «ابنتي يا محترم»، أجاب بنوع من الرضا والزهو، «إنَّها عاقلة جدًّا، نشيطة جدًّا، تشبه المرحومة أمَّها تمامًا».

هنا، بدأ يدوِّن في السجلِّ مهمَّة سفري، أمَّا أنا فتشاغلت بتأمُّل اللوحات التي تزيِّن مسكنه الوادِع المرتَّب. كانت اللوحات تصوِّر ابنًا ضالًّا. في اللوحة الأولى عجوز مهيب يعتمر قبَّعة ويرتدي ثوبًا منزليًّا، يُفسح الطريق لفتى قلق، يتلقَّى بعجلة تبريكاته وكيسًا من المال. وتصوِّر الثانية بخطوط واضحة السلوك الفاضح للفتى: إنَّه يجلس إلى المائدة، محاطًا بأصدقاء مزيَّفين ونساء فاجرات. بعد ذلك يظهر الفتى مفلسًا، يرتدي أسمالًا وقبَّعة مثلَّثة الزوايا، يرعى الخنازير ويشاركها طعامها، وترتسم على وجهه علامات الحزن العميق والندم. وتصوِّر اللوحة الأخيرة عودته إلى أبيه؛ العجوز الطيِّب يهرع للقائه بالقبَّعة نفسها والثوب عينه، الولد الضالُّ يجثو على ركبتيه، وفي الخلفيَّة طبَّاخ يطهو عِجلًا، بينما يسأل الأخ الأكبر الخدمَ عن سبب هذا الاحتفال البهيج. كانت كلُّ لوحة من هذه اللوحات مذيَّلة بأشعار باللغة الألمانية، لا بأس بها. كلُّ ذلك رسخ في ذاكرتي حتى الآن، كما رسخ في ذاكرتي منظر أصص الزهور المنزلية، والسرير بستارته المبرقشة، وشتَّى الأغراض التي كانت من حولي آنذاك. أتذكَّر ربَّ المنزل، كما لو كنت أراه الآن، رجلًا في الخمسين، نضرًا ونشيطًا، وأتذكَّر معطفه الأخضر الطويل والميداليات الثلاث بشرائطها التي بهت لونها.

ما إن أنهيت محاسبة الحوذي العجوز، عادت دونيا حاملة السماور. وقد لاحظت هذه اللعوب الصغيرة من النظرة الثانية ما أحدثَته من أثر في نفسي، فأغضت بعينيها الزرقاوين الواسعتين. حادثتُها، فراحت تُجيبني من دون أي ارتباك، كما لو كانت فتاة خبرت الحياة. قدَّمت للأب كأسًا من «البونش»، وأعطيتُ دونيا كوبًا من الشاي، ورحنا، نحن الثلاثة، نتحادث، وكأنَّنا أصحاب منذ قرن من الزمان.

كانت الخيول جاهزة منذ زمن، ولكنِّي لم أرغب في مفارقة الناظر وابنته، ودَّعتهما أخيرًا، فتمنَّى لي الأب رحلة ميمونة، ورافقتني البنت حتى العربة. في المدخل توقَّفت وطلبت منها أن تسمح لي بتقبيلها، فوافقت دونيا... كثيرة هي القبلات التي عرفتها منذ أن بدأت التقبيل، ولكن ما من قبلة تركت لديَّ ذلك الانطباع المديد اللذيذ الذي تركته قُبلتها.

انقضت عدَّة أعوام، وقادتني الظروف لسلوك تلك الطريق والمرور بتلك الأماكن. تذكَّرت ابنة الناظر القديم، وفرحت بفكرة رؤيتها من جديد. ولكنِّي فكَّرت في احتمال أن يكون الناظر قد تغيَّر، واحتمال أن تكون دونيا قد تزوَّجت. كذلك خطرت في بالي فكرة موته أو موتها، وهكذا اقتربت من المكان يخامرني توجُّس حزين.

توقَّفت الخيول عند مبنى المحطَّة الصغير. وحين دخلت إلى المكان عرفت على الفور اللوحات التي تصوِّر حكاية الولد الضالِّ، والطاولة والسرير اللذين كانا في مكانيهما، غير أنَّ أصص الزهور لم تكن موجودة على حافَّة النافذة. وكان كلُّ ما في المكان يوحي بالبلى والإهمال. كان الناظر ينام متدثِّرًا بعباءة من اللبَّاد. أيقظه قدومي، فنهض... إنه سمسون فيرين بالتأكيد. ولكن لشدَّ ما شاخ! رحت، وهو يدوِّن مهمَّة سفري، أتأمَّل شيبته، والتجاعيد العميقة على وجهه غير الحليق منذ زمن، وظهره المحدودب، ولم أتمكَّن من كبت دهشتي من قدرة ثلاثة أو أربعة أعوام على تحويل رجل نشيط إلى عجوز متداعٍ.

- «هل عرفتني؟»، سألته، «نحن أصحاب منذ زمن».

- «ربَّما»، أجاب متجهِّمًا، «الطريق هنا كبيرة، والمسافرون الذين يجيئون إلى هنا كثيرون».
- «هل دونياك بخير؟»، تابعتُ كلامي.

عبس العجوز.

- «الله أعلم»، أجابني.
- «أتُراها تزوَّجت؟»، سألته.

تظاهر العجوز بعدم سماع سؤالي، وتابع قراءة كتاب مهمَّتي همسًا. توقَّفت عن طرح الأسئلة، وطلبت إعداد الشاي. بدأ الفضول يُقلقني، وأملت أن يحلَّ «البونش» عقدة لسان صاحبي القديم.

لم أخطئ في تقديري: لم يرفض العجوز الكأس التي قدَّمتها له. ولاحظت أنَّ «الروم» بدَّد عبوسه. وصار بعد الكأس الثانية طلق اللسان، تذكَّرني أو تظاهر بأنَّه تذكَّرني، وعرفت منه القصَّة التي شغلتني وأثَّرت فيَّ بقوَّة آنذاك.

- «أنت إذن، عرفت ابنتي دونيا؟»، بدأ كلامه، «ومن ذا الذي لم يعرفها؟ آه يا دونيا، يا دونيا! أيَّة فتاة كانت! كلُّ قادم، أيًّا كان، مدحها، وما من أحد وجَّه إليها اللوم. النبيلات كنَّ يقدِّمن لها الهدايا، هذه تُهديها منديلًا، وتلك حلَقًا. أمَّا السادة القادمون فكانوا يتوقَّفون عمدًا زاعمين أنَّهم يتوقَّفون لتناول الغداء أو العشاء، ولكنَّهم كانوا في الواقع يطمعون في رؤيتها فترة أطول. كان النبيل، مهما بلغ به الغضب، يهدأ في حضرتها ويخاطبني بلطف. صدِّقني يا سيِّدي، المراسلون وأصحاب المهمَّات العاجلة كانوا يقضون قرابة النصف ساعة في محادثتها. كانت عماد البيت: تنظِّف وترتِّب وتطهو، فتنجز كلَّ شيء من دون تأخير. أمَّا أنا العجوز الأحمق، فلم أكن أشبع من النظر إليها، ولم أكن أرتوي من فرحي بها، هل كنت أنا من لا يحبُّ دونياه، هل كنت أنا من لا يدلِّل طفلته، هل كانت محرومة من الحياة؟ بالطبع لا، ولكن المصيبة لا تُردُّ بالدعاء، والمقدَّر لا مفرَّ منه».

هنا راح يروي لي مصيبته بالتفصيل.

قبل ثلاثة أعوام، وقفَتْ ذات يوم، في مساء شتوي، حين كان الناظر يحضِّر سجلًّا جديدًا، وابنته خلف الحاجز تخيط لنفسها ثوبًا، عربةٌ تجرُّها ثلاثة أحصنة، ونزل منها مسافر بقبَّعة شركسية، ومعطف عسكري، وشال يلفُّ به عنقه، فدخل الغرفة يطلب خيولًا. كانت الخيول في العمل. رفع المسافر صوته وخيزرانته حين تلقِّيه هذا الخبر. ولكنَّ دونيا التي اعتادت مثل هذه المشاهد، خرجت مسرعة من وراء الحاجز، وسألت القادم برقَّة:

- هل ترغب في تناول شيء ما؟

فعل ظهور دونيا فعله المعتاد. هدأ غضب القادم، وقبِل أن ينتظر عودة الخيول، وطلب لنفسه عشاء. نزع قبَّعته المبتلَّة وحلَّ عقدة شاله وخلع معطفه، فبدا شابًّا فارسًا رشيق القامة بشاربين أسودين. جلس بالقرب من الناظر وشرع يحادثه، هو وابنته، بمرح. قُدِّم العشاء، وفي هذه الأثناء عادت الخيول، فأمر الناظر بألَّا يقدِّم لها الطعام، بل أن تُشدَّ فورًا إلى عربة المسافر. ولكن، حين عاد وجد الشابَّ ممدَّدًا على الديوانة الخشبية من دون وعي تقريبًا، فقد ساءت حالته وأصابه صداع واستحال سفره... ما باليد حيلة! تخلَّى له الناظر عن سريره، وكان من المفترض، إذا لم تتحسَّن حال المريض، أن يرسل في صباح اليوم التالي في طلب الطبيب من مدينة C--.

في اليوم التالي ازدادت حال الخيَّال سوءًا، فذهب مرافقه إلى المدينة لإحضار الطبيب. عصبت دونيا رأسه بمنديل مبلَّل بالخلِّ، وجلست تكمل خياطة ثوبها بالقرب من سريره. كان المريض يتأوَّه في حضور الناظر ولا ينطق بكلمة تقريبًا، ولكنَّه شرب كوبين من القهوة، وطلب تحضير الغداء وهو يتأوَّه. لم تفارقه دونيا. كان في كلِّ دقيقة يطلب شرابًا فتحضر له دونيا كأسًا من شراب الليمون أعدَّته بنفسها. فيبلِّل المريض شفتيه ثم يُعيد الكأس ضاغطًا على يد دونيتشكا في كلِّ مرَّة تعبيرًا عن امتنانه. عند الظهيرة وصل الطبيب. قاس نبض المريض وتحدَّث معه بالألمانية، ثم أعلن بالروسية أنَّه يحتاج إلى الراحة

والهدوء، وسيكون بعد يومين قادرًا على السفر. أعطاه الخيَّال خمسة وعشرين روبلًا أجر زيارته ودعاه إلى تناول الغداء، فوافق الطبيب. أكل الاثنان بشراهة وشربا زجاجة نبيذ كاملة، وافترقا وكلٌّ منهما راضٍ عن الآخر كلَّ الرضا.

انقضى يوم، وتعافى الخيَّال تمامًا. كان مرحًا فوق العادة، يمزح من دون توقُّف، تارة مع دونيا، وتارة مع الناظر، ويصفِّر ألحان بعض الأغاني، ويتحدَّث إلى المسافرين القادمين ويدوِّن مهمَّات سفرهم في السجلِّ. وهكذا، أحبَّه الناظر الطيِّب، وشعر بالحزن لفراق نزيله اللطيف في اليوم التالي. جاؤوا بعربة الخيَّال، فودَّع الناظر، ودفع له بسخاء أجر إقامته وإطعامه، وودَّع دونيا أيضًا، وتبرَّع بنقلها إلى الكنيسة في الطرف الآخر من القرية. وقفت دونيا محتارة...

- «ممَّ تخافين؟»، قال لها أبوها، «صاحب السموِّ ليس ذئبًا ولن يأكلك: اركبي معه حتى الكنيسة».

جلست دونيا في العربة بالقرب من الفارس، وقفز الخادم إلى مقعد القيادة، صفَّر الحوذي فانطلقت الخيول تعدو.

لم يعِ الناظر المسكين كيف سمح، هو نفسه، لابنته دونيا بالذهاب مع الخيَّال، وأيَّ عمى أصابه، وما الذي أصاب عقله آنذاك. لم ينقضِ نصف ساعة حتى بدأ قلبه يشكو ويئنُّ، واستولى عليه قلق جعله يفقد صبره ويذهب بنفسه إلى الكنيسة. عند اقترابه من الكنيسة رأى الناس يغادرونها، ولكنَّ دونيا لم تكن في باحتها أو قرب السور. أسرع، فدخل الكنيسة: كان القسُّ يغادر المذبح، والشمَّاس يطفئ الشموع، وثمَّة عجوزان تواصلان صلاتهما في إحدى الزوايا، ولكنَّ دونيا لم تكن هناك. أرغم الأب المسكين نفسه على سؤال الشمَّاس إذا كانت دونيا قد جاءت إلى الكنيسة، فأجابه الشمَّاس بأنَّها لم تأتِ. عاد الناظر إلى البيت وهو بين الموت والحياة. لم يبقَ له إلَّا أمل واحد هو أن تكون دونيا قد قرَّرت، بدافع من طيش الشباب، أن تواصل الركوب في العربة إلى المحطَّة التالية حيث تُقيم أمُّها في المعمودية. وراح ينتظر في قلق مضنٍ عودة الترويكا التي سمح لها باستقلالها. لم يعُد الحوذي إلَّا في المساء، وكان وحيدًا ومخمورًا، يحمل إليه خبرًا قاتلًا:

- دونيا تابعت السفر من تلك المحطَّة برفقة ذلك الفارس.

لم يقوَ العجوز على تحمُّل مصيبته، فرقد على الفور فوق ذلك الفراش نفسه، الذي كان يرقد عليه المخادع الشابُّ، وقد أدرك الآن وهو يستعرض ظروف ما حدث، أنَّ مرض الخيَّال كان ادِّعاء. أُصيب الناظر المسكين بحمَّى شديدة، فنقلوه إلى مدينة --C، وعيَّنوا بدلًا منه نائبًا مؤقَّتًا. في المشفى عالجه الطبيب نفسه الذي جاء لعلاج الفارس، وقد أكَّد الطبيب للناظر، أنَّ ذلك الشاب كان سليمًا تمامًا، وأنه أدرك في ذلك الوقت نيَّته الشرِّيرة، ولكنَّه صمت خوفًا من خيزرانته. وسواء أكان الألماني يقول الحقيقة، أو أنَّه كان راغبًا في التفاخر ببُعد نظره، فإنَّ ذلك لم يكن ليخفِّف من شقاء المريض المسكين. وما إن شُفي حتى طلب من مدير بريد --C إجازة لمدَّة شهرين، ومضى يبحث عن ابنته ماشيًا، من دون أن يفصح لأي إنسان عن نيَّته لو بكلمة. لقد علم من أمر المهمَّة أنَّ قائد السريَّة، مينسكي، كان مسافرًا من - إلى بيتربورغ. الحوذي الذي نقل الفارس أبلغه أنَّ دونيا كانت تبكي طول الطريق، رغم أنَّها، على ما يبدو، كانت مسافرة برغبتها. «بإذن الله»، قال في سرِّه، «سأُعيد عنزتي الضالَّة إلى بيتها». وصل إلى بيتربورغ حاملًا هذه الفكرة. نزل في فوج إيزمايلوف، في منزل صفِّ ضابط متقاعد كان زميله في الخدمة، وبدأ البحث عن ضالَّته. عرف سريعًا أنَّ قائد السريَّة، مينسكي، يقيم في بيتربورغ في نزل ديموتوف، فقرَّر الذهاب إليه.

وصل في الصباح الباكر إلى مدخل البناء، وطلب أن يُبلغوا صاحب السموِّ أنَّ جنديًّا قديمًا يريد رؤيته، فأبلغه الجندي الخادم، وهو ينظِّف حذاء على رفِّ الأحذية، أنَّ السيِّد نائم الآن، وأنَّه لا يستقبل أحدًا قبل الحادية عشرة. ذهب الناظر وعاد في الوقت المحدَّد. خرج مينسكي شخصيًّا للقائه وهو يرتدي ثوبًا منزليًّا وطاقيَّة حمراء.

- «ما حاجتك أيُّها الأخ»، سأله.

شرع قلب العجوز بالغليان، وترقرقت الدموع في عينيه، ولم يستطع أن يقول بصوته المرتجف سوى:

- يا صاحب السموِّ! اصنعْ معروفًا لله!...

نظر مينسكي إليه نظرة سريعة، واحمرَّ وجهه. أمسكه من يده، وقاده إلى المكتب، وأغلق الباب خلفهما.

- «يا صاحب السموِّ!»، تابع العجوز، «ما سقط من الحمل ضاع. أعطني، على الأقل، دونياي المسكينة. لقد استمتعتَ بها، فلا تقتلها عبثًا».
- «ما حدث قد حدث، ولن نستطيع استرداده»، قال الشابُّ وهو في غاية الاضطراب، «أنا مذنب بحقِّك، ويُسعدني أن أطلب منك الصفح، ولكن لا تظنَّنَّ أنِّي أستطيع الافتراق عن دونيا! ستكون سعيدة، أقسم لك بشرفي. ما حاجتك إليها؟ إنَّها تحبُّني، ولم تعد تألف حياتها السابقة، لا أنت، أو هي ستنسيان ما حدث».

ثم دسَّ له في كمِّه شيئًا ما، وفتح الباب، فرأى الناظر نفسه في الشارع من دون أن يدري كيف حدث ذلك.

وقف طويلًا من دون حراك، وأخيرًا رأى في ثنية كمِّه صرَّة أوراق، أخرجها من كمِّه وفتحها، فإذا هي أوراق نقدية متجعِّدة من فئة الخمسة وعشرين روبلًا. اغرورقت عيناه بالدموع مرَّة أخرى، لكنَّها كانت دموع الغضب! عصر الأوراق، كوَّرها وألقى بها على الأرض ثم سحقها بكعب حذائه ومضى... مشى بضع خطوات ثم توقَّف وراح يفكِّر... عاد... ولكنَّ النقود اختفت. رآه شاب جيِّد الملبس، فسارع إلى إحدى العربات، استقلَّها على عجل وصاح بالحوذي: «انطلق!». لم يحاول الناظر اللحاق به. لقد قرَّر العودة إلى بيته، إلى محطَّته، لكنَّه أراد قبل ذلك، أن يرى دونياه المسكينة لو مرَّة واحدة، لذا عاد إلى مينسكي بعد يومين، إلَّا أن العسكري الخادم قال له بلهجة قاسية إنَّ السيِّد لا يستقبل أحدًا، سدَّ طريقه بصدره ودفعه خارج المدخل ثم أغلق الباب في وجهه. وقف الناظر هنيهة، ثم انصرف.

في مساء ذلك اليوم نفسه، راح يتجوَّل في شارع ليتينايا، بعد أن صلَّى في كنيسة «جميع الحزانى». فجأة، مرَّت أمامه عربة فارهة، لمح الناظر فيها مينسكي.

توقَّفت العربة أمام مبنى من ثلاثة طوابق، عند المدخل تمامًا، نزل منها الفارس ودخل البناء مسرعًا، فخطرت ببال الناظر فكرة سعيدة. عاد أدراجه، وحين صار بمحاذاة الحوذي، سأله:

- «لمن هذا الحصان يا أخ؟»، سأله، «أليس لمينسكي؟».
- «له بالضبط»، أجاب الحوذي، «لماذا تسأل؟».
- المشكلة أنَّ سيِّدك أمرني أن أنقل رسالة لصاحبته دونيا، وأنا نسيت أين تعيش دونياه.
- إنَّها تعيش هنا، في الطابق الثاني. لقد تأخَّرت يا صاحبي في نقل رسالتك، إنَّه الآن شخصيًّا عندها.
- «لا يهمُّ»، قال الناظر معترضًا وقلبه يخفق خفقانًا غامضًا، «شكرًا لأنَّك ذكَّرتني، أنا سأؤدِّي عملي».

قال الكلمات وهو يصعد الدرج.

كان الباب مغلقًا. دقَّ الجرس، ومضت لحظات ترقُّب ثقيلة عليه. صرَّ المفتاح، وفُتِح له الباب. سأل:

- هل أفدوتيا سامسونوفنا تقيم هنا؟
- «هنا»، أجابت خادمة شابَّة، «ماذا تريد منها؟».

دخل الناظر إلى البهو من دون أن يجيبها.

- «ممنوع، ممنوع!»، صرخت الخادمة في إثره، «عند أفدوتيا سامسونفنا ضيوف».

لكنَّ الناظر تابع سيره من دون أن يصغي إليها. أوَّل غرفتين كانتا معتمتين، الثالثة كانت مضاءة. الغرفة مرتَّبة ترتيبًا رائعًا. مينسكي يجلس شارد الفكر، ودونيا الرافلة في أفخر ما أبدعته الموضة، تجلس على ذراع أريكته، وكأنَّها فارسة تمتطي سرج فرس إنجليزية. كانت تتأمَّل مينسكي برقَّة وهي تفتل خصلات شعره على أصابعها البرَّاقة. يا للناظر المسكين! إنَّه لم يرَ يومًا ابنته بهذا الجمال. راح يتأمَّلها رغمًا عنه.

- «من هناك؟»، سألت من دون أن ترفع رأسها.

ظلَّ صامتًا. وحين لم تتلقَ دونيا جوابًا، رفعت رأسها... ثم سقطت على السجَّادة صارخة. اندفع مينسكي المجفل يُنهضها، وحين رأى الناظر العجوز في الباب، تركها فجأة واتَّجه نحوه وهو يرتجف من الغضب.

- «ماذا تريد؟»، قال له وهو يكزُّ على أسنانه، «لماذا تلاحقني في كلِّ مكان متلصِّصًا كقاطع طريق؟ هل تريد ذبحي؟ انقلع من هنا!».

أمسك العجوزَ بيده القويَّة وقذف به على الدرج.

عاد العجوز إلى مكان سكنه. نصحه صديقه أن يتقدَّم بشكوى، ولكنَّه طوَّح بيده، بعد تفكير، وقرَّر الانسحاب. توجَّه بعد يومين إلى محطَّته، مغادرًا بيتربورغ، وتسلَّم عمله من جديد.

- «ها قد مرَّت ثلاثة أعوام»، قال في الختام، «وأنا أعيش من دون دونيا، وقد انقطعت عنِّي أخبارها تمامًا، لا أعرف هل هي حيَّة، أم، الله... الله أعلم. أعرف أنَّ كلَّ شيء يمكن أن يحدث. هي ليست الأولى، ولن تكون الأخيرة التي يغويها مسافر ماجن، يقتنيها فترة ثم يرميها. كثيرات في بيتربورغ الحمقاوات الشابَّات اللواتي يرفلن اليوم في أثواب حريرية، وغدًا ستراهنَّ يكنسن الشوارع وسط صخب السكارى. أنا أفكِّر أحيانًا أنَّ دونيا قد تلقى المصير نفسه وتضيع، فأتمنَّى لها آثمًا أن تكون في القبر».

هذه هي قصَّة صاحبي الناظر العجوز، إنَّها قصَّة تخلَّلتها مرَّات كثيرة الدموع التي كان يمسحها بشكل مؤثِّر بكمِّه، فكأنَّه تيرينتش العطوف في قصيدة ديميتريف الرائعة. كان بعض هذه الدموع بفعل «البونش» الذي تجرَّع منه خمس كؤوس في أثناء حديثه، ولكنَّها، مع ذلك، دموع أثَّرت فيَّ تأثيرًا شديدًا. غادرته، ولكنِّي بقيت زمنًا طويلًا أتذكَّر الناظر العجوز، وأفكِّر في دونيا المسكينة...

مررت منذ فترة وجيزة بمنطقة -- فتذكَّرت صاحبي. عرفت أنَّ المحطة التي كان يديرها قد دُمِّرت ولم يستطع أحد أن يجيبني عن سؤالي: «ألا يزال

الناظر القديم حيًّا؟» إجابة مُرضية، فقرَّرت زيارة المكان الذي أعرفه، استأجرت خيولًا واتَّجهت إلى قرية ن.

حدث هذا في الخريف. كانت الغيوم الرمادية تغطِّي السماء، والريح الباردة تهبُّ فوق الحقول التي تمَّ حصادها، جارفة الأوراق الحمراء والصفراء عن مبنى المحطَّة. في المدخل - حيث قبَّلتني ذات يوم دونيا المسكينة - ظهرت امرأة بدينة وأجابت عن أسئلتي قائلة إنَّ الناظر القديم مات منذ عام، وإنَّ مخمِّر بيرة يسكن محلَّه الآن، وإنَّها زوجة مخمِّر البيرة. فشعرت بالأسف لقيامي بهذه الرحلة وإنفاقي سبعة روبلات عبثًا.

- «وما سبب موته؟»، سألتُ زوجة مخمِّر البيرة.
- «أدمن الشراب فمات»، أجابتني.
- وأين دفنوه؟
- عند حدود القرية، بجانب زوجته المتوفَّاة.
- ألا يمكن أن يقودني أحد إلى قبره؟
- لمَ لا. هيي فانكا! كفاك لعبًا مع الهرَّة. خذ السيِّد إلى المقبرة ودلَّه على قبر الناظر.

اندفع نحوي عند سماع هذه الكلمات، فتى مهلهل الثياب، أحمر الشعر، أعوج الساقين، وقادني فورًا إلى المقبرة.

سألته في الطريق:

- هل كنت تعرف المتوفَّى؟
- كيف لا أعرفه! لقد علَّمني كيف أصنع مزمارًا. كان - رحمه الله - يعود من الخمَّارة، فنتبعه ونقول: 'يا جدَّنا، يا جدَّنا، أعطنا بندقًا!'، فيُلقي إلينا بالبندق. كان يسايرنا دائمًا.
- والقادمون إلى المحطَّة، هل يذكرونه؟
- القادمون قلائل في هذه الأيَّام. قد يمرُّ النائب، ممثِّل المنطقة أحيانًا،

وهذا لا شأن له بالموتى. ولكن، في الصيف جاءت نبيلة وسألت عن الناظر القديم وزارت قبره.

سألته بفضول:

- أيَّة نبيلة؟
- نبيلة جميلة جدًّا، كانت تستقلُّ عربة تجرُّها ستَّة أحصنة، يرافقها ثلاثة أطفال من النبلاء ومربِّية، وكلب أسود صغير، وحين قالوا لها إنَّ الناظر القديم مات انفجرت بالبكاء، وقالت للأطفال: 'اجلسوا بهدوء، ريثما أزور المقبرة'. تطوَّعت لأخذها إلى هناك. لكنَّها قالت: 'أعرف الطريق'. وأعطتني خمسة كوبيكات فضِّية. يا لها من نبيلة طيِّبة القلب!

وصلنا إلى المقبرة، المكان عارٍ، لا سور له، مغروس بصلبان خشبية ولا تظلِّله أيَّة شجرة. لم أرَ في حياتي مقبرة تثير الحزن أكثر من هذه.

قال لي الصبي وهو يقفز فوق كومة من الرمل، غُرس فيها صليب عليه أيقونة نحاسية:

- هذا هو قبر الناظر.
- «هل جاءت النبيلة إلى هذا المكان؟»، سألته.
- «جاءت»، أجاب فانكا، «راقبتُها من بعيد. تمدَّدت هنا، ظلَّت مستلقية فترة طويلة، ثم ذهبت إلى القرية، استدعت والدي وأعطته نقودًا، وغادرت، وأعطتني خمسة كوبيكات فضِّية، يا لها من نبيلة رائعة!».

أنا أيضًا أعطيت الفتى خمسة كوبيكات، ولم أعد نادمًا على الرحلة وعلى الروبلات السبعة التي أنفقتها.

النبيلة – الفلَّاحة

أنتِ جميلة في كلِّ الأثواب يا روحي.

من قصيدة «طفلة الروح»

بوغدانوفيتش

القصَّة مبنيَّة على مغامرة عاطفية مثل قصَّة «عاصفة ثلجيَّة».
(روتها الفلَّاحة ك. إي. ت، نفسها).

كانت أملاك إيفان بيتروفيتش بيريستوف في إحدى مقاطعاتنا البعيدة المنعزلة. خدم في شبابه في فرقة الخيَّالة، وتقاعد في أوائل 1797، فسافر إلى قريته ولم يغادرها بعد ذلك. كان متزوِّجًا من نبيلة فقيرة ماتت وهي تلد، وكان هو في تلك الأثناء مسافرًا. ساعدته أعمال المزرعة على السلوان سريعًا. بنى منزلًا صمَّمه بنفسه، وأنشأ في أملاكه ورشة نسيج، فضاعف دخله ثلاث مرَّات، وصار يعدُّ نفسه أذكى رجل في المنطقة، وهذا أمر لم يعترض عليه أحد من جيرانه الذين كانوا يزورونه بصحبة أُسَرهم وكلابهم. كان يرتدي في الأيَّام العادية سترة مخملية، وفي أيَّام الأعياد سترة طويلة من الجوخ المنسوج منزليًّا، يسجِّل مصروفه بنفسه، ولا يقرأ شيئًا غير الجريدة الرسمية للمنطقة. أَحبَّه الجميع عمومًا، رغم أنَّهم عدُّوه متعجرفًا. الوحيد الذي كان على خلاف معه هو غريغوري إيفانوفيتش مورومسكي، وهو أقرب جيرانه إليه. كان مورموسكي نبيلًا روسيًّا حقيقيًّا، بدَّد جزءًا من ثروته في موسكو، وترمَّل في تلك الفترة، فعاد إلى آخر ضيعة يملكها وتابع إسرافه فيها، ولكن بشكل جديد. أنشأ حديقة إنجليزية وأنفق عليها كلَّ ما تبقَّى من دخله تقريبًا. كان سائسو خيله يرتدون بزَّات جوكي إنجليزية، وترعى ابنتَه مربِّية إنجليزية. أمَّا حقوله فكان يستثمرها بطريقة إنجليزية أيضًا.

غير أنَّ القمح الروسي لا ينبت بطرائق أجنبية، فعلى الرغم من الاقتصاد الكبير في النفقات، لم تزدد مداخيل غريغوري إيفانوفيتش. فهو، حتى في القرية، وجد سبيلًا للغوص في ديون جديدة، ومع ذلك كلِّه لم يكونوا يُعِدُّونه غبيًّا، لأنَّه الملَّاك الأوَّل في المنطقة الذي فطن فرهن أملاكه لمجلس الوصاية: آنذاك بدت الدورة المالية لذلك المجلس تبدو معقَّدة جدًّا وجريئة. كان بيريستوف أشدَّ منتقديه وأكثرهم حدَّة في لومه. كان كُره التجديد سمة متميِّزة في طبع بيريستوف. وهو لم يكن قادرًا على الكلام من دون مبالاة عن الهوى الإنجليزي

عند جاره. وكان يجد في كلِّ وقت ما ينتقده بسببه. فهو حين يُري ضيفه أملاكه، يجيب عن امتداح الضيف لإجراءاته الاقتصادية:

- «صحيح!»، يقول وهو يبتسم ابتسامة ساخرة يشوبها المكر، «الأمور عندي غير ما عند جاري غريغوري إيفانوفيتش، فأنَّى لنا أن نفلس بالطريقة الإنجليزية! كلُّ ما نتمنَّاه هو أن نظلَّ شبِعين بالطريقة الروسية».

هذه النكتة وأمثالها، كانت تصل، بهمَّة الجيران، إلى مسامع غريغوري إيفانوفيتش مزيدة ومشفوعة بالتعليقات.

كان الرجل ذو الهوى الإنجليزي يتلقَّى الانتقادات بنفاد صبر مثل كُتَّاب الصحف عندنا. كان يثور غضبًا ويسمِّي مزعجَه دبًّا، وريفيًّا غير متحضِّر.

هكذا كانت العلاقة بين هذين الملَّاكين، حين جاء ابن بيريستوف إلى ضيعة أبيه. درس الفتى في جامعة -- وكان ينوي الالتحاق بالخدمة العسكرية، ولكنَّ الأب لم يوافق على ذلك. شعر الشابُّ بأنَّه لا يصلح أبدًا للخدمة المدنية. ولكنَّ كلًّا منهما تشبَّث بموقفه، فراح أليكسي الشابُّ يعيش حياة الملَّاك مؤقَّتًا، وقد أطلق شاربيه في انتظار ما قد تأتي به الظروف.

كان ألكسي، في واقع الأمر، فتى يثير الإعجاب. والحقيقة، أنَّه سيكون مؤسفًا ألَّا تضمَّ البزَّة العسكرية أبدًا قوامه الرشيق، وأن يقضي شبابه منحنيًا فوق الأوراق المكتبية، بدلًا من أن يختال على ظهر جواد. حين يراه الجيران يندفع بجواده في مقدِّمة الصيَّادين من دون تردُّد، يقولون بالإجماع إنَّه لن يصبح في يوم من الأيَّام مديرًا ناجحًا في مكتب. وكانت الآنسات ينظرن إليه، وبعضهنَّ كان يلفت نظره. غير أنَّ أليكسي لم يهتمَّ بهنَّ كثيرًا، أما هنَّ، فعزون عدم إحساسه بهنَّ إلى انشغاله في علاقة حبٍّ. وقد تناقلت الأيدي بالفعل رقعة تحمل إحدى رسائله:

"إلى أكولينا بيتروفنا كورتشكينا، في موسكو، مقابل دير إليكسييفسكي في بيت النحاس سافيلييف، رجاء إيصال هذه الرسالة إلى آ. ن. ب».

إنَّ ذلك القسم من قرَّائي الذي لم يعش في القرى، لا يستطيع أن يتخيَّل روعة أولئك الآنسات! إنهنَّ تربَّين في الهواء النقيِّ، في ظلال أشجار التفَّاح

في حدائقهن، وعرفن الدنيا والحياة من الكتب. العزلة والحرِّية والقراءة نمَّت فيهنَّ في وقت مبكِّر عواطف وأهواء تجهلها جميلاتنا الشاردات الذهن. رنين الجرس، بالنسبة للآنسة منهنَّ مغامرة، زيارة المدينة القريبة مرحلة من مراحل العمر، وزيارة ضيف ترسخ في ذاكرتها فترة طويلة، وأحيانًا، إلى الأبد. من الطبيعي أنَّ أيًّا منَّا حرٌّ في أن يضحك من بعض غرائبهنَّ، ولكنَّ دعابات المراقب السطحي، لا يمكن أن تطمس ميزاتهنَّ الجوهرية التي من أهمِّها: تفرُّد الطبع، الذي من دونه لا وجود لعظمة الإنسان، بحسب رأي جان بول. قد تحصل النساء في العاصمتين على ثقافة أفضل، لكنَّ عادات المجتمع الراقي سرعان ما تصقل الطبع، وتجعل النفوس متشابهة تشابه القبَّعات. ما قلناه لم نقله بوصفه حكمًا، أو لومًا، ولكن «Nota nostra manet»[1] كما يقول أحد قدامى المعلِّقين.

من السهل أن نتصوَّر الانطباع الذي يجب أن يتركه أليكسي في أوساط آنساتنا. لقد كان أوَّل فتى يظهر أمامهنَّ عابسًا مكتئبًا، وأوَّل فتى يحدِّثهنَّ عن المباهج المفقودة والشباب الآخذ في الذبول. وفوق ذلك، يضع في إصبعه خاتمًا أسود عليه صورة جمجمة. كان ذلك كلُّه جديدًا جدًّا في تلك المقاطعة، ولذا جنَّت به الآنسات جنونًا.

لكنَّ أكثرهن انشغالًا به كانت ابنة ذي الهوى الإنجليزي، ليزا، أو بيتسي، كما يناديها غريغوري إيفانوفيتش عادة. الأبوان لم يكونا يتبادلان الزيارات، لذا لم تكن قد رأت أليكسي بعد، حين كانت الفتيات جاراتها لا يتحدَّثن إلَّا عنه. كان عمرها سبع عشرة سنة. عيناها السوداوان تبعثان الحيويَّة في وجهها الأسمر اللطيف. كانت وحيدة أبيها وطفلته المدلَّلة. كانت كثرة حركاتها، ونزواتها في كلِّ دقيقة، تثير إعجاب أبيها، وتبعث اليأس في نفس المربِّية الآنسة جاكسون، الفتاة الأربعينية المتمسِّكة بالتقاليد، التي تتبودر وتكحِّل حاجبيها، وتقرأ مرَّتين في العام رواية «باميلا»، فتتقاضى لقاء ذلك ألفي روبل، وتموت ضجرًا في هذه الروسيا البربرية.

---

(1) ولكنَّ ملاحظاتنا تبقى صحيحة (باللاتينية).

وصيفة ليزا، ناستيا، أكبر منها سنًّا، لكنّها كانت مثلها متقلّبة الأهواء. أحبَّتها ليزا كثيرًا، وكانت تبوح لها بكلِّ أسرارها، وتخطِّط معها كلَّ مغامراتها. بعبارة موجزة: كانت ناستيا في قرية بريلوتشينو أهمَّ بكثير من أيَّة وصيفة في مسرحية تراجيدية فرنسية.

قالت ناستيا ذات يوم، وهي تساعد الآنسة في ارتداء ملابسها:

- اسمحي لي اليوم أن أقوم بزيارة.
- عفوًا، إلى أين؟
- إلى توغيلوفا، لزيارة آل بيريستوف. اليوم عيد زوجة الطبَّاخ عندهم، وقد جاءت البارحة تدعوني للغداء.
- هكذا إذن! السادة يتخاصمون، والخدم يتضايفون.
- «وما علاقتنا نحن بالسادة!»، قالت ناستيا معترضة، «أنا، بالمناسبة، وصيفتك أنتِ، لا وصيفة أبيك. أنت لم تتخاصمي مع بيريستوف الشابِّ. فلنترك العجائز يتخاصمون ما دام ذلك يبهجهم».
- احرصي يا ناستيا على أن تري أليكسي بيريستوف، كي تصفيه لي جيِّدًا، كيف يبدو، وما حقيقته.

وعدتها ناستيا بذلك، أمَّا ليزا فانتظرت النهار كلَّه عودتها وقد نفد صبرها. ظهرت ناستيا في المساء.

- «هه، يا ليزافيتا غريغوريفنا»، قالت ناستيا وهي تدخل الغرفة، «لقد رأيت بيريستوف الشابَّ، تأمَّلته طويلًا، كنَّا اليوم كلَّه معًا».
- كيف ذلك؟ حدِّثيني، حدِّثيني بالترتيب.
- لك ذلك: ذهبنا، أنا وأنيسيا يغوروفنا ونينيلا ودونكا...
- طيِّب، أعرف، وماذا بعد؟
- تمهَّلي، سأروي كلَّ شيء بالترتيب. وصلنا وقت الغداء بالضبط. كانت الغرفة غاصَّة بالناس. كان هناك آل كولبين، وآل زاخاروف، وزوجة الوكيل وبناتها، وآل خلوبين...

- حسنًا، وبيريستوف؟
- انتظري. جلسنا إلى المائدة، زوجة الوكيل في المقعد الأوَّل، وأنا إلى جانبها... البنات استأنَ، لكنِّي لم أكترث بهنَّ...
- آه يا ناستيا، كم أنت مضجرة بتفاصيلك التي لا تنتهي!
- يا لقلَّة صبرك! ها نحن غادرنا المائدة... لقد بقينا حولها ثلاث ساعات، والغداء كان رائعًا؛ الحلويات كانت قطع كاتو فرنسية زرقاء، وحمراء ومخطَّطة... غادرنا المائدة إذن، وذهبنا إلى الحديقة كي نلعب لعبة الاختباء، وهنا ظهر النبيل الشابُّ.
- طيِّب وماذا في ذلك؟ هل هو حقًّا جميل كما يقولون؟
- إنَّه جميل جدًّا، بل يمكن القول إنَّه بارع الجمال، رشيق، طويل القامة، مورَّد الخدَّين تمامًا.
- حقًّا؟ أنا كنت أظنُّ أنَّ وجهه شاحب: وماذا أيضًا؟ كيف بدا لك؟ هل بدا حزينًا، شارد الذهن؟
- ماذا تقولين؟! أنا لم أرَ في حياتي من يضاهيه حيويَّة. لقد اقترح أن يلعب معنا لعبة الاختباء.
- أن يركض معكن في اللعبة. مستحيل!
- بل ممكن جدًّا! واشترط أيضًا أن يقبِّل كلَّ واحدة يمسك بها!
- قولي ما تشائين يا ناستيا، لكنَّك تكذبين.
- صدِّقي أو لا تصدِّقي، لكنِّي لا أكذب، أنا لم أفلت منه إلَّا بصعوبة. وقد ظلَّ يلاعبنا هكذا طول النهار.
- كيف إذن، يقولون إنَّه عاشق، وإنَّه لا يهتمُّ بأحد؟
- لا أعرف، أمَّا أنا فقد لاحقني طويلًا بنظراته، وكذلك لاحق تانيا، ابنة الوكيل، بل لاحق أيضًا باشا كولبينسكايا، حرام عليَّ أن أقول إنَّه أهمل أيَّ واحدة منَّا، يا لقدرة هذا الفتى على اللهو!
- هذا مدهش! وماذا سمعت عن رأي أهل بيته فيه؟

- يقولون إنَّه رائع: طيّب جدًّا، ومرح جدًّا، عيبه الوحيد هو أنَّه يحبُّ كثيرًا مطاردة الفتيات. أنا لا أرى ذلك عيبًا، فهو سيهدأ بمرور الأيَّام.

قالت ليزا وهي تتنهَّد:

- كم أودُّ أن أراه!
- وما الصعوبة في ذلك؟ توغيلوفا ليست بعيدة عنَّا، ثلاثة فراسخ فقط: اذهبي للنزهة في ذلك الاتجاه مشيًا، أو على ظهر جواد، وستلتقينه حتمًا. إنَّه في الصباح الباكر من كلِّ يوم ينطلق للصيد حاملًا بندقيَّته.
- لا، هذا غير لائق. قد يظنُّ أنِّي ألاحقه، ثم إنَّ أبوينا متخاصمان، وهذا يجعل التعارف بيننا مستحيلًا بطبيعة الحال... آه يا ناستيا! أتدرين؟ سأتخفَّى في زيِّ فلَّاحة!
- هذا صحيح فعلًا. ارتدي ثوبًا خشنًا، وسرفانًا، واذهبي بجرأة إلى توغيلوفا. وأنا أضمن لك ألَّا يغفل بيريستوف عنك.
- هذا بالإضافة إلى أنِّي أتقن اللهجة المحلِّية بشكل رائع. آه يا ناستيا، يا حبيبتي ناستيا! ما أروع هذه الفكرة!

وهكذا نامت ليزا وفي نيَّتها أن تنفِّذ حتمًا فكرتها المرحة.

بدأت في اليوم التالي تنفيذ خطَّتها، فأرسلت تشتري من البازار قماشًا سميكًا من الخام، وقطعة من القماش الصيني الأزرق وأزرارًا نحاسية، وفصَّلت لنفسها، بمساعدة ناستيا ثوبًا وسرفانًا، كلَّفت خادماتها بخياطته، فبات كلُّ شيء جاهزًا بحلول المساء. جرَّبت ليزا ثيابها الجديدة، وتأمَّلت نفسها أمام المرآة، فاعترفت بأنَّها لم تبدُ في أيِّ يوم من الأيَّام جميلة كما هي الآن. كرَّرت دور الفلَّاحة، فمشت وهي تنحني محيِّية في أثناء سيرها، ثم هزَّت رأسها عدَّة مرَّات كقطَّة مدلَّلة، وتكلَّمت بلهجة فلَّاحية، وضحكت وهي تغطي وجهها بكمِّها، فاستحقَّت رضى ناستيا رضى تامًّا. أمرٌ واحد صعب عليها: لقد حاولت السير في باحة الدار حافية، فوخزت الأعشاب قدميها الرقيقتين، ولم تستطع احتمال وخز الرمل والحصى. هنا أيضًا ساعدتها ناستيا: أخذت قياس قدمي ليزا، ومضت

مسرعة إلى الراعي تروفيم في الحقل، وطلبت منه أن يصنع نعلًا يناسب ذلك القياس.

في اليوم التالي، استيقظت ليزا قبيل الفجر. كان كلُّ من في البيت نائمًا. وكانت ناستيا تنتظر الراعي عند البوَّابة. علا صوت البوق، وامتدَّت ماشية القرية قطيعًا بالقرب من دار السيِّد. أعطى الراعي ناستيا، حين مرَّ بها، نعلًا صغيرًا ملوَّنًا فنال نصف روبل مكافأة منها. لبست ليزا الزيَّ الفلَّاحي، وأبلغت ناستيا همسًا تعليماتها بشأن الآنسة جاكسون، ثم خرجت من الباب الخلفي ومضت مسرعة عبر الحديقة الخلفية نحو الحقل.

طلع الفجر في الأفق الشرقي، فبدا كأنَّ صفوف الغيوم الذهبية تنتظر بزوغ الشمس، كما ينتظر حرَّاس القصر القيصر؛ السماء الصافية، ونضارة الصباح، والندى، والنسيم، وتغريد الطيور، كلُّ ذلك ملأ قلب ليزا بفرحة طفولية. لم تكن تمشي، بل تطير خائفة من لقاء من يكشف سرَّها. اقتربت من الحرج الذي يحدُّ أملاك أبيها. هدَّأت من خطوها. هنا يجب أن تتوقَّع اللقاء بأليكسي. كان قلبها يدقُّ بعنف، من دون أن تعرف سببًا لذلك، غير أنَّ الخوف الذي يرافق نزواتنا الشبابية هو أجمل ما فيها. دخلت ليزا في عتمة الحُرج، فاستقبل الفتاة بضجيجه المتدحرج الأصمِّ. هدأ فرحها، واستسلمت رويدًا، رويدًا، لحلم لذيذ. غرقت في الأفكار... ولكن، هل يمكن أن نحدِّد بدقَّة أفكار آنسة في السابعة عشرة من عمرها تسير وحيدة، في حرج، في الساعة السادسة من صباح يوم ربيعي؟ كانت تمشي هكذا غارقة في أفكارها، في درب تحفُّ به من الجانبين أشجار عالية، وفجأة نبح في وجهها كلب صيد جميل، فخافت ليزا وصرخت. علا في الوقت نفسه صوت: «Tout beau, Sbogar, ici...»[1]. وظهر صيَّاد شابٌّ من وراء الشجيرات. استطاعت ليزا أن تتخلَّص من خوفها وراحت في الحال تستغلُّ الظروف.

---

(1) سبوغار الجميل، تعال هنا...

- «لا تخافي عزيزتي»، قال لليزا، «كلبي لا يعضُّ».
- «لا، يا سيدي»، قالت متظاهرة بخوف يشوبه الخجل، «أنا أخاف، وهو على ما يبدو، شرس، أخشى أن ينقضَّ ثانية».

كان أليكسي (القارئ عرفه طبعًا) يحدِّق إلى الفلَّاحة الشابَّة متفرِّسًا في هذه الأثناء.

- «سأرافقك إذا كنت خائفة»، قال لها، «هل تسمحين لي بالسير إلى جانبك؟».
- «ومن يمنعك؟»، أجابت ليزا، «أنت حرٌّ، والطريق للعموم».
- من أين أنتِ؟
- من بريلوتشينا. أنا ابنة الحدَّاد فاسيلي، خرجت أجمع الفطر (كانت ليزا تحمل سلَّة معلقة بحبل). وأنتَ أيُّها السيِّد النبيل؟ هل أنت من توغيلوفا؟
- «هكذا بالضبط»، أجاب أليكسي، «أنا وصيف النبيل الشابِّ».

أراد أليكسي أن يساوي بينه وبينها. لكنَّ ليزا نظرت إليه وشرعت تضحك.

- «أنت تكذب»، قالت له، «أنت لا تخاطب حمقاء، أنا أرى أنَّك السيِّد النبيل نفسه».
- ما الذي يجعلكِ تظنِّين ذلك؟
- كلَّ شيء.
- ماذا مثلًا؟
- كيف لي ألَّا أفرِّق بين السيِّد والخادم؟ ملابسك مختلفة، ولهجتك مختلفة، تنادي الكلب بلغة غير لغتنا.

راح إعجاب أليكسي بليزا يزداد بمرور الوقت، فحاول، هو الذي اعتاد التصرُّف بجرأة مع القرويات الجميلات، معانقتها، لكنَّ ليزا قفزت مبتعدة عنه، واتَّخذت فجأة مظهرًا صارمًا، باردًا، جعل أليكسي يكفُّ عن محاولته، رغم أنَّه أضحكه.

- «إذا أردت أن نكون صديقين»، قالت له بلهجة وقورة، «فعليك أن تضبط سلوكك».
- «من علَّمك هذه الحكمة؟»، سأل أليكسي وهو يقهقه ضاحكًا، «أهي ناستينكا التي أعرفها، خادمة سيِّدتك؟ ما أطرف هذه الطرق في نشر المعرفة!».

أحسَّت ليزا أنَّها تجاوزت الدور الذي رسمته، فسارعت تصحِّح الوضع.

- «وهل تظنُّ أنِّي لا أزور بيوت النبلاء أبدًا؟»، قالت له، «أنا، لعلمك، سمعت ورأيت الكثير»، وتابعت، «غير أنَّ الدردشة معك تعيقني عن جمع الفطر. فلتذهب، أيَّها السيِّد النبيل في اتجاه، ولأذهب أنا في اتجاه آخر. عن إذنك»...

همَّت ليزا بالابتعاد فأمسك أليكسي يدها:

- ما اسمك يا روحي؟
- «أكولينا»، أجابت ليزا وهي تحاول أن تحرِّر أصابعها من قبضة أليكسي، «دعني أيَّها السيِّد النبيل، لقد حان وقت عودتي إلى البيت».
- طيِّب، يا صديقتي أكولينا، سأقوم حتمًا بزيارة أبيك، فاسيلي الحدَّاد.

هتفت ليزا معترضة:

- ماذا تقول؟ بحقِّ المسيح، لا تفعل! إذا عرف أهلي أنِّي تحادثت مع سيِّد نبيل في الحرج على انفراد، ستحلُّ بي مصيبة، سيضربني أبي الحدَّاد فاسيلي حتى الموت.
- طيِّب، ولكنِّي أريد حتمًا أن ألتقيك مرَّة ثانية.
- حسنًا، سأعود في وقت ما إلى هنا لجمع الفطر.
- متى!
- ليكن غدًا إذا شئت.
- يا عزيزتي أكولينا، أتمنَّى لو أغمرك بالقبل، ولكنِّي لا أجرؤ. غدًا إذن، في مثل هذا الوقت، أليس كذلك؟

- بلى، بلى.
- ألا تخادعين؟
- لا أخادع.
- أَقسمي على ذلك.
- طيِّب، أقسم بالجمعة العظيمة أني سآتي.

افترق الشابَّان. ليزا خرجت من الغابة واجتازت الحقل، وتسلَّلت عبر الحديقة راكضة بحذر إلى حظيرة الدواجن حيث كانت ناستيا في انتظارها. بدَّلت ملابسها، وهي تُجيب شاردة الذهن عن أسئلة كاتمة أسرارها النافدة الصبر، ثم دخلت غرفة المعيشة. المائدة ممدودة والفطور معدٌّ، والآنسة جاكسون المبودرة والمشدودة كقدح، تقطع «الكيك» رقاقات صغيرة. امتدح الأب نزهتها الصباحية.

- «ليس هناك ما هو أكثر فائدة للصحَّة من الاستيقاظ فجرًا»، قال لها.

وهنا، ضرب عدَّة أمثلة على طول عمر الإنسان، مستقاة من المجلَّات الإنجليزية، ملاحظًا أنَّ جميع من عاشوا أكثر من مئة سنة، لم يشربوا الفودكا، وكانوا يستيقظون في الفجر صيفًا وشتاء. لم تسمعه ليزا. كانت تستعيد في ذهنها كلَّ ظروف لقائها الصباحي، وكلَّ حديث أكولينا مع الصيَّاد الشابِّ، وقد بدأ ضميرها يؤنِّبها. حاولت عبثًا الاعتراض على ذلك بقولها إنَّ المحادثة لم تخرج عن حدود اللياقة، وإنَّ هذه الشقاوة لا يمكن أن تتسبَّب بأيَّة عواقب، ولكنَّ صوت ضميرها كان أعلى من صوت العقل. كان أشدُّ ما يقلقها الوعد الذي أعطته بشأن يوم غدٍ، لقد حسمت أمرها تمامًا وقرَّرت أن تحنث بقسَمها المعظَّم. ولكنَّ أليكسي قد يذهب، إذا انتظرها عبثًا، إلى القرية باحثًا عن ابنة الحدَّاد فاسيلي، أكولينا الحقيقية، البدينة التي يُغطِّي النمش بشرتها، فيدرك نزوتها الطائشة. أخافت هذه الفكرة ليزا، فقرَّرت أن تظهر في الحرج في صباح اليوم التالي بوصفها أكولينا.

أمَّا أليكسي فكان معجبًا، وظلَّ طول اليوم يفكِّر في الفتاة التي عرفها مجدَّدًا، واستمرَّت صورة الجميلة السمراء تلاحق خياله في الليل أيضًا. وما إن بزغ

الفجر حتى ارتدى ملابسه. لم يُعطِ نفسه الوقت اللازم لحشو بندقيته، بل خرج إلى الحقل يرافقه كلبه الوفي سبوغار، ومضى مسرعًا إلى مكان اللقاء الموعود. انقضى نحو نصف ساعة في انتظار أضناه. وأخيرًا لمح بين الشجيرات السرفان الأزرق، فهرع للقاء أكولينا الحبيبة. ابتسمت وهي ترى حماسته وامتنانه، ولكن أليكسي لاحظ في الحال علامات الإرهاق والقلق على وجهها، وأراد أن يعرف السبب. اعترفت له ليزا بأنَّ تصرُّفها كان طائشًا، وأنَّها نادمة على ذلك، وأنَّها لم تُرد أن تحنث بوعدها هذه المرَّة، لكنَّ لقاءهما هذا سيكون الأخير، وأنَّها ترجوه أن ينهي هذا التعارف الذي لن يؤدِّي إلى أي خير لكليهما. قالت ذلك كلَّه بلهجة فلَّاحية طبعًا، لكنَّ الأفكار والمشاعر غير العادية التي عبَّرت عنها هذه الفتاة البسيطة أذهلت أليكسي، فاستخدم كلَّ ما يستطيعه من بلاغة كي يثني أكولينا عن نيَّتها، مؤكِّدًا لها طهارة رغباتهما، واعدًا إيَّاها ألَّا يفعل ما يدفعها إلى الندم، وأن يُطيعها في كلِّ شيء، متوسِّلًا إليها ألَّا تحرمه فرحتَه الوحيدة باللقاء معها على انفراد، لو مرَّة كلَّ يومين، لو مرَّتين في الأسبوع. كان يتكلَّم عن هوى صادق، وكان في تلك اللحظة عاشقًا فعلًا. أصغت ليزا إليه في صمت.

- «أعطني وعدًا»، قالت أخيرًا، «بأنَّك لن تبحث عنِّي، أو تسأل عنِّي أحدًا في القرية. عدني أنَّك لن تطلب منِّي مواعيد أخرى عدا تلك التي أحدِّدها لك».

همَّ أليكسي بالقسم بالجمعة العظيمة، لكنَّها استوقفته باسمة:

- أنا لا أطالبك بقسَم، يكفيني وعد منك.

بعد ذلك تحادثا بمودَّة متجوِّلَين في الغابة معًا إلى أن قالت ليزا:

- حان وقت المغادرة.

افترقا. وراح أليكسي، الذي بقي وحيدًا، يحاول أن يفهم كيف استطاعت بنت قروية بسيطة أن تهيمن عليه هيمنة حقيقية بعد لقاءين. كان يشعر بسحر جديد في علاقته بأكولينا، وعلى الرغم من أنَّ شروط الفلَّاحة الغريبة الأطوار، بدت له ثقيلة الوطأة، لم يخطر في باله أبدًا أن يحنث بوعده، وسرُّ ذلك هو أنَّ

أليكسي، بغضِّ النظر عن خاتمه القدري، ومراسلاته السرِّية، وعبوسه وكآبته، كان فتى طيِّبًا متَّقد الطبع، يملك قلبًا نقيًّا قادرًا على الإحساس بمتعة الطهارة.

لو أنِّي استجبت لرغبتي وحدها، لرحت حتمًا أصف لقاء الشابَّين بأدقِّ تفاصيله: الاستلطاف المتبادل المتنامي بينهما، واطمئنان أحدهما للآخر، وانشغاله به، وأحاديثهما. ولكنِّي أعرف أنَّ غالبية قرَّائي لن تشاطرني متعتي هذه، وأنَّ هذه التفاصيل ستبدو لهم ممجوجة عمومًا، لذا سأهملها وأقول بإيجاز إنَّه لم يكد ينقضي شهران، حتى صار صاحبي أليكسي عاشقًا بجنون، وكذلك ليزا التي لم تكن أقل منه هوى، رغم أنَّها أكثر صمتًا. كان الاثنان سعيدين بحاضرهما، قليلي التفكير بالمستقبل.

لقد خطرت كثيرًا في بالهما فكرة الرباط الأبدي، ولكنَّهما لم يتحادثا في ذلك الشأن أبدًا. والسبب واضح، فأليكسي، مهما بلغت شدَّة ارتباطه بحبيبته أكولينا، كان يدرك دائمًا المسافة التي تفصله عن هذه الفلَّاحة المسكينة. أمَّا ليزا فكانت تعرف الكراهية العظيمة بين أبويهما، ولم تكن تجرؤ على الحلم بالصلح بينهما. أضف إلى ذلك، أنَّ أملًا عاطفيًّا غامضًا يغذِّيه سرًّا اعتدادها بنفسها، يجعلها تحلم بأن ترى أخيرًا مالك ضيعة توغيلوفو يرتمي عند قدمي ابنة حدَّاد بريلوتشينو. ولكنَّ حدثًا هامًّا وقع فجأة كاد يقلب العلاقة بينهما رأسًا على عقب.

في صباح يوم بارد، صافٍ - من تلك الصباحات التي تكثر في خريفنا الروسي - خرج إيفان بيتروفيتش بيريستوف يتنزَّه على ظهر جواده، مصطحبًا، تحسُّبًا للطوارئ، ثلاثة أزواج من كلاب الصيد، وسائسًا وعددًا من صبيان الخدمة يحملون الخشاخيش. وفي الوقت نفسه، أغرى الطقس الجيِّد غريغوري إيفانوفيتش موروسكي، فأمر بأن تُسرج فرسه المبتورة الذيل، وراح يعدو بها بالقرب من حقوله ذات الطابع الإنجليزي. وعند اقترابه من الغابة رأى جاره ممتطيًا جواده، وقد ارتدى معطفًا طويلًا طُرِّزت أطرافه بفراء الثعلب، وهو يترقَّب أرنبًا راح الصبية يطردونه بالصراخ والخشاخيش من بين الشجيرات. لو

كان بمقدور غريغوري إيفانوفيتش أن يتنبَّأ بهذا اللقاء، لكان غيَّر اتجاهه، طبعًا، ولكنَّه التقى ببيريستوف على نحو غير متوقَّع أبدًا، إذ وجد نفسه فجأة على بُعد رمية مسدَّس منه. ولم يكن باستطاعته فعل أي شيء لتجنُّبه.

اقترب مورومسكي، كأي مثقَّف أوروبي، من خصمه وحيَّاه باحترام. فأجابه بيريستوف بتثاقل، كما لو كان دبًّا مقيَّدًا ينحني محيِّيًا السادة بأمر من مروِّضه. في هذه اللحظة قفز الأرنب من بين الشجيرات وراح يعدو في الحقل. صاح بيريستوف والسائس بملء حنجرتيهما، وأطلقا الكلاب، وتبعاها على فرسيهما بأقصى سرعة. أجفلت فرس مورومسكي التي لم تشارك يومًا في حملات الصيد، وانطلقت تعدو، فأطلق لها مورومسكي، الذي كان يعدُّ نفسه فارسًا ممتازًا، العنان وهو راضٍ في سرِّه عن هذا الحادث الذي خلَّصه من محدِّثه المزعج. غير أنَّ الفرس التي وجدت نفسها أمام جرف لم تلحظه مسبقًا، اندفعت بقوَّة مغيِّرة اتجاهها، فلم يستطع مورومسكي الثبات على ظهرها، فسقط بقوَّة على الأرض المتجمِّدة، وراح مستلقيًا على الأرض، يلعن فرسه المبتورة الذيل التي توقَّفت فورًا وهدأت حين شعرت بأنَّها باتت من دون فارس.

توجَّه إيفان بتروفيتش نحوه ليطمئنَّ عليه. في هذه الأثناء، أحضر السائس الفرس المذنبة ممسكًا برسنها، وساعد مورومسكي في اعتلاء سرجها. أمَّا بيريستوف فدعاه لزيارته. لم يستطع مورومسكي أن يرفض الدعوة لشعوره بأنَّه مَدين له. وهكذا عاد بيريستوف إلى بيته مكلَّلًا بالمجد، فقد اصطاد أرنبًا، واقتاد خصمه الجريح كأسير تقريبًا.

في أثناء الفطور، تحادث الجاران بلهجة ودِّية إلى حدٍّ بعيد. وطلب مورومسكي من بيريستوف عربة، معترفًا بأنَّه لم يكن قادرًا على العودة إلى بيته راكبًا فرسه بسبب ما لحقه من أذى. ودَّع بيريستوف ضيفه حتى البوابة، ولكنَّ مورومسكي لم يغادر إلَّا بعد أن أخذ تعهُّدًا منه بأن يقوم في اليوم التالي - برفقة أليكسي إيفانوفيتش - بتناول غداء وديٍّ عنده في بريلوتشينو. وهكذا تبيَّن أنَّ العداوة القديمة المتجذِّرة عميقًا كانت قابلة للزوال بفضل جفلة الفرس المبتورة الذيل.

هرعت ليزا لاستقبال غريغوري إيفانوفيتش.

- «ما معنى هذا يا بابا؟»، قالت دهِشة، «لماذا تعرج؟ أين فرسك؟ لمن هذه العربة؟».

- «هذا ما لن تحزريه، my dear[1]»، أجابها غريغوري إيفانوفيتش.

روى لها كلَّ ما حدث. لم تصدِّق ليزا أذنيها. ومن دون أن يمنحها غريغوري إيفانوفيتش فرصة لاستيعاب ما سمعت، أعلن أنَّ آل بيريستوف سيتناولون الغداء عنده يوم غد.

- «ماذا تقول؟!»، هتفت وقد شحب لونها، «آل بيريستوف، الأب والابن! سيتناولان الغداء عندنا غدًا! لا، يا بابا، أنت وما تشاء، أمَّا أنا فلن أظهر مهما كلَّف الأمر».

- «ماذا دهاكِ، هل جُننتِ؟»، قال الأب معترضًا، «منذ متى صرت خجولة إلى هذا الحدِّ، أم أنَّك تكنِّين لهما كرهًا موروثًا، كبطلة في رواية؟ كفى! لا تتحامقي»...

- لا، يا بابا، ولا بأي ثمن، لن أظهر أمام آل بيريستوف حتى لو ملَّكتني كنوز الأرض.

هزَّ غريغوري إيفانوفيتش كتفيه، وكفَّ عن مناقشتها، لأنَّه كان يعرف أنَّ التصادم معها لن يُكسبه شيئًا، وذهب ليرتاح بعد نزهته الرائعة.

ذهبت ليزافيتا غريغوريفنا إلى غرفتها ونادت ناسيتا. راحت الاثنتان تفكِّران في الزيارة المرتقبة غدًا. ماذا سيظنُّ بها أليكسي إذا عرف أنَّ هذه الآنسة المهذَّبة هي صاحبته أكولينا؟ أي فكرة سيكوِّن عن سلوكها ومبادئها، وعن رجاحة عقلها. غير أنَّ ليزا أرادت، من ناحية ثانية، أن تعرف الانطباع الذي سيتركه عنده هذا اللقاء غير المنتظر... وفجأة لمعت في ذهنها فكرة، نقلتها فورًا إلى ناستيا، فابتهجت الاثنتان بها كأنَّها اكتشاف، وقرَّرتا تنفيذها حتمًا.

---

(1) يا عزيزتي.

على مائدة الفطور في اليوم التالي، سأل غريغوري إيفانوفيتش ابنته هل ما زالت تنوي الاحتجاب عن آل بيريستوف.

- «بابا»، أجابت ليزا، «سأستقبلهما إذا كنت ترغب في ذلك، ولكن شرط ألَّا توبِّخني أو تعبِّر عن الدهشة أو الاستياء من أي مظهر أظهر به أمامهما، أو فعل أقوم به».
- «نحن إذن، أمام نزوة جديدة!»، قال غريغوري إيفانوفيتش ضاحكًا، «طيِّب، لا بأس، لا بأس، أنا موافق، افعلي ما تشائين، يا مشاكسة يا مكحولة العينين».

قال ذلك وقبَّل جبينها، أمَّا هي فأسرعت تستعدُّ للقاء.

في الساعة الثامنة تمامًا، دخلت الفناء عربة من صنع محلِّي تجرُّها ستَّة أحصنة، ودرجت بمحاذاة حوض دائري من العشب الأخضر الكثيف. صعد بيريستوف العجوز درجات المدخل بمساعدة اثنين من خدم موروموسكي ببزَّتيهما الرسميَّتين. وتبعه ابنه الذي وصل على ظهر جواده، ودخل معه إلى غرفة الطعام حيث كانت المائدة معدَّة. استقبل موروموسكي ضيفيه استقبالًا ودودًا إلى أقصى حدٍّ، واقترح عليهما أن يريا، قبل الغداء، الحديقة وحظيرة الدواجن، وقادهما في دروب مغسولة جيِّدًا ومفروشة بالرمل. كان بيريستوف العجوز يأسف في سرِّه للجهد والوقت الضائعين في عمل لا جدوى منه، ولكنَّه كتم ذلك احترامًا. أمَّا الابن فلم يكن يشارك أباه الإقطاعي المقتصد استياءه، وكذلك لم يشارك المتعصِّب للنمط الإنجليزي إعجابه بنفسه، فقد كان ينتظر بنفاد صبر ظهور ابنة صاحب الدار التي سمع الكثير عنها، فالشابَّة الجميلة، على الرغم من أنَّ قلبه كان مشغولًا كما نعلم، تستحقُّ دائمًا أن تشغل خياله.

حين عاد الثلاثة إلى غرفة الضيوف، وجلسوا في أماكنهم، راح العجوزان يتذكَّران الأيَّام الماضية والطرائف التي عايشاها في الخدمة، أمَّا أليكسي فراح يفكِّر في الوضع الذي سيتَّخذه في حضور ليزا، فقرَّر أنَّ البرود وشرود الذهن أكثر الأوضاع لياقة على كلِّ حال، وأخذ يستعدُّ لذلك. فُتح الباب فاستدار من دون

مبالاة وعدم اهتمام يجعلان قلب أشدِّ الفتيات غنجًا ودلالًا، يرتجف. من سوء الحظِّ أنَّ من دخل لم تكن ليزا بل الآنسة جاكسون العجوز المبودرة، المشدودة القامة، التي حيَّت الضيوف بانحناءة صغيرة وهي مطرقة ببصرها. وهكذا ضاعت حركة أليكسي العسكرية الرائعة هباء. وقبل أن يستجمع قواه من جديد، فُتح الباب مرَّة أخرى، ودخلت ليزا هذه المرَّة. وقف الجميع، وشرع الأب في تقديم ضيفيه، لكنَّه توقَّف فجأة وعضَّ على شفته بحركة سريعة... ليزا، حبيبته ليزا السمراء، مبودرة حتى الأذنين، مكحَّلة بكثافة تفوق كثافة كحل الآنسة جاكسون نفسها، وبخصلات شعر مستعار لونها أفتح بكثير من لون شعرها الطبيعي، منفوشة كشعر لويس الرابع عشر المستعار، وكمَّين منفوخين à l'imbecile[1] كما عند Madame de Pompadour[2] وخصر معصور بالمشدَّات كأنَّه حرف x، وقد التمعت على أصابعها وعنقها وأذنيها كلُّ مجوهرات أمِّها التي لم تودع بعد في دائرة الرهونات. لم يستطع أليكسي أن يتعرَّف في هذه الآنسة المضحكة البرَّاقة صديقته أكولينا. اقترب أبوه من يدها الصغيرة، فتبعه مكتئبًا، وحين لمس أصابعها الصغيرة البيضاء، بدا له أنَّ تلك الأصابع ترتعش. واستطاع في هذه الأثناء أن يلحظ قدمها الصغيرة التي أبرزتها عمدًا في حذاء يوحي بأقصى ما يمكن من الغنج، فجعله ذلك يتسامح بعض الشيء مع بقيَّة زيِّها. أمَّا البودرة، والكحل، فإنَّه، لبساطة قلبه، لم يلحظهما من النظرة الأولى، وكذلك لم يشتبه فيهما بعد ذلك. تذكَّر غريغوري إيفانوفيتش وعده، فحرص على عدم إظهار أي تعبير عن الدهشة، بل بدت له رعونة ابنته مسلِّية حتى أنَّه لم يتمالك نفسه إلَّا بصعوبة. لكنَّ الإنجليزية المتزمِّتة لم تجد في ذلك ما يضحك. لقد أدركت أنَّ الكحل والبودرة مسروقان من خزانتها، فتوهَّج خدُّها بحمرة الغضب التي تسرَّبت من خلال بياض وجهها المصنوع، ورمت الشابَّة اللاهية بنظرات ملتهبة،

---

(1) «بحماقة»، موديل يكون فيه الكمَّان ضيِّقين على الذراعين ومنفوخين فوق الكتفين.

(2) مدام دي بامبيدور، عشيقة لويس الخامس عشر.

غير أنَّ الشابَّة أرجأت كلَّ تفسير إلى وقت آخر، وتظاهرت بأنَّها لا تلاحظ شيئًا.

جلسوا إلى المائدة. واستمرَّ أليكسي في أداء دور الساهم، الغارق في التفكير. أمَّا ليزا فراحت تتصنَّع، تتكلَّم من خلال أسنانها، وتنغِّم صوتها، ولا تنطق إلَّا بالفرنسية. كان أبوها ينظر إليها بين الفينة والأخرى، عاجزًا عن فهم هدفها من ذلك، ولكنَّه كان يرى كلَّ ما تفعله مسلِّيًا للغاية. بينما ظلَّت المربِّية الإنجليزية صامتة وهي تتميَّز غيظًا. الوحيد الذي كان يتصرَّف وكأنَّه في بيته، هو إيفان بيتروفيتش: أكل ما يُشبع رجُلين، وشرب ما يكفيه، وضحك كما اعتاد أن يضحك، وازداد حديثه ودًّا بمرور الوقت وصار يقهقه.

نهضوا أخيرًا عن المائدة، ورحل الضيفان، وأطلق غريغوري إيفانوفيتش العنان لضحكه وأسئلته.

- «لماذا خطر في بالك أن تخدعيهما؟»، سأل ليزا، «ولكن، أتدرين؟ البودرة ناسبتك فعلًا. أنا لا أريد التدخُّل في قضايا الزينة النسائية، غير أنِّي، لو كنت في مكانك، لتبودرت دائمًا، ولكن، ليس بهذه الكثافة طبعًا».

كانت ليزا معجبة بنجاح حيلتها. عانقت أباها، ووعدته أن تفكِّر في نصيحته، ثم أسرعت تسترضي الآنسة جاكسون الغاضبة، التي وافقت بعد جهد أن تفتح لها باب غرفتها وتصغي إلى تفسيرها لما حدث: لقد خجلت ليزا من الظهور أمام الرجلين الغريبين سمراء إلى هذا الحدِّ، ولم تجرؤ على طلب البودرة... كانت واثقة من أنَّ الآنسة جاكسون الطيِّبة الحبيبة ستغفر لها فعلتها، وكذا، وكذا. هدأت الآنسة جاكسون التي تأكَّدت من أنَّ ليزا لم تكن تسخر منها، وقبَّلت ليزا، وأهدتها عربونًا للمصالحة؛ علبة بودرة إنجليزية تقبَّلتها ليزا معبِّرة عن امتنانها الصادق.

ليس من الصعب على القارئ أن يحزر أنَّ ليزا لم تتوانَ عن الظهور في مكان اللقاء في الغابة.

- «هل كنت، أيُّها النبيل، أمس عند سادتنا؟»، سألت ليزا أليكسي على الفور، «كيف وجدتَ الآنسة النبيلة؟».

أجابها أليكسي قائلًا إنَّها لم تلفت نظره.

- «هذا مؤسف»، قالت ليزا معترضة.
- «لماذا؟»، سأل أليكسي.
- لأنِّي أردت أن أعرف منك: هل صحيح ما يقولون؟
- وماذا يقولون؟
- هل صحيح زعمهم أني أشبه الآنسة النبيلة؟
- يا له من هراء! إنها، بالمقارنة بك، أقبح من القبح.
- آه، أيها النبيل، حرام عليك أن تقول ذلك؛ آنستنا النبيلة ناصعة البياض، شديدة الأناقة! ولا مجال للمقارنة بيني وبينها!

أقسَم لها أليكسي مؤكِّدًا أنَّها أجمل من كلِّ الآنسات النبيلات البيضاوات، ولكي يهدِّئ من روعها راح يصف سيِّدتها بصفات مضحكة، جعلت ليزا تقهقه من أعماق قلبها.

- «ولكن»، قالت متحسِّرة، «قد تكون الآنسة النبيلة مضحكة، غير أني أمِّية غبية إذا ما قورنت بها».
- «أوخ!»، قال أليكسي، «يا له من أمر يؤسَف له! أنا أعلِّمك القراءة والكتابة حالًا، ما دمت ترغبين في ذلك».
- «حقًّا»، قالت ليزا، «لمَ لا تحاول ذلك بالفعل؟».
- تفضَّلي يا حبيبتي. لنبدأ الآن.

جلسا. أخرج أليكسي من جيبه قلم رصاص ودفتر جيب، تعلَّمت أكولينا الأبجدية بسرعة مدهشة. ولم يستطع أليكسي إلَّا أن يُدهش من سرعة إدراكها.

وفي صباح اليوم التالي، أرادت أن تجرِّب الكتابة. شاكسها القلم في البداية، لكنَّها بعد بضع دقائق، صارت ترسم الأحرف رسمًا مقبولًا جدًّا.

- «يا لهذه المعجزة!»، قال أليكسي، «دراستنا تسير أسرع ممَّا لو كنتِ تدرسين بحسب نظام لانكيستير».

المدهش حقًّا، أنَّ أكولينا استطاعت في الدرس الثالث أن تقرأ قصَّة «ناتاليا ابنة النبلاء» فقرة فقرة، وهي تقطع القراءة بملاحظات أذهلت أليكسي بحقٍّ، وقد ملأت الصفحة المستديرة بأقوال مأثورة انتقتها من القصَّة نفسها.

مضى أسبوع، ونشأت بينهما مراسلات. أسَّسا دائرة بريدها في شقٍّ جذع شجرة بلُّوط. وكانت ناستيا تقوم بوظيفة ساعي البريد. كان أليكسي يحمل إلى هناك رسائله المكتوبة بأحرف كبيرة، ويجد هناك أيضًا خربشات محبوبته المدوَّنة على ورق أزرق بسيط. وقد بدا أنَّ أكولينا اعتادت أسلوبًا أفضل في الخطاب، وأنَّ عقلها تطوَّر وتثقَّف بشكل ملحوظ.

في هذه الأثناء ازداد التعارف بين إيفان بيتروفيتش بيريستوف وغريغوري إيفانوفيتش مورومسكي متانة، وتحوَّل سريعًا إلى صداقة. وإليكم كيف حدث ذلك: كثيرًا ما كان مورومسكي يفكِّر بأنَّ كلَّ أملاك إيفان بيتروفيتش ستنتقل في حال موته إلى يدي أليكسي إيفانوفيتش، وفي هذه الحالة سيصبح أليكسي إيفانوفيتش واحدًا من أغنى الملَّاك في تلك المقاطعة، ولن يكون هناك أي سبب يمنعه من الزواج من ليزا. أمَّا العجوز بيريستوف، فكان من ناحيته، على الرغم من اعترافه بوجود بعض الطيش عند جاره (أو «الحماقة الإنجليزية» بحسب تعبيره) يقرُّ بأنَّ فيه الكثير من الصفات الممتازة ومنها قدرته النادرة على التدبير. إنَّ غريغوري إيفانوفيتش قريب حميم من الأمير برونسكي، الرجل المعروف القوي، ومن الممكن أن يكون الأمير مفيدًا جدًّا لأليكسي، أمَّا مورومسكي - هكذا فكَّر إيفان بيتروفيتش - فسيفرح، على الأغلب، بتزويج ابنته هذا الزواج الرابح. كان كلٌّ من العجوزين يفكِّر في ذلك كلِّه في سرِّه، ولكنَّهما تبادلا أخيرًا الحديث في الموضوع، وتعانقا، وتعاهدا على بذل الجهد لتحقيقه. وشرع الاثنان يسعيان، كلٌّ من جهته، لتنفيذ الوعد. ثمَّة صعوبة كانت تواجه مورومسكي، هي إقناع مدلَّلته بيتسي بالتعرُّف عن قرب على أليكسي الذي لم تره منذ ذلك الغداء المشهود، حيث بدا أنَّ كلًّا منهما لم يُعجب بالآخر. فمن الملاحظ، على الأقلِّ، أنَّ أليكسي لم يعد بعدها لزيارة بريلوتشينو، وأنَّ ليزا كانت تذهب إلى غرفتها

كلَّما جاء إيفان بيتروفيتش لزيارتهم. وكان غريغوري إيفانوفيتش يظنُّ أنَّ بيتسي ستحبُّ أليكسي حتمًا إذا تكرَّرت زياراته لبيتهم، فهذا أمر طبيعي، والزمن كفيل بتحقيقه.

أما إيفان بيتروفيتش فكان أقلَّ قلقًا على نجاحه في تحقيق نيَّته. ففي مساء ذلك اليوم دعا ابنه إلى مكتبه، أشعل غليونه، وبعد فترة صمت قصيرة، قال:

- ما بالك يا أليوشا لم تعد منذ زمن تتكلَّم عن الخدمة العسكرية؟ ما عاد زيُّ سلاح الفرسان يغريك؟!
- «لا، يا أبتِ»، أجاب أليكسي باحترام، «أنا أرى أنَّك غير راغب في انتسابي إلى سلاح الفرسان، وواجبي هو طاعتك».
- «حسنًا»، أجاب إيفان بيتروفيتش، «أنا أرى أنَّك ولد مطيع، وهذا يطمئنني، ولكنِّي، أنا أيضًا، لا أريد تقييد حرِّيتك، ولن أرغمك على الالتحاق... الآن فورًا... بالخدمة المدنية. ولكنِّي أنوي في الوقت الحاضر أن أزوِّجك».

سأل أليكسي دهِشًا:

- بمن يا أبتِ؟

أجاب إيفان بيتروفيتش:

- بـليزافيتا غريغوريفنا مورومسكايا، إنَّها عروس ممتازة. أليست كذلك؟
- يا أبتِ، أنا لم أفكِّر بعد في الزواج.
- أنت لم تفكِّر، أمَّا أنا ففكَّرت بدلًا منك، وأطلت التفكير.
- الرأي رأيك، ولكنَّ ليزا مورومسكايا لا تعجبني أبدًا.
- ستعجبك فيما بعد. الصبر يخلق الحبَّ.
- أنا أشعر بأني غير قادر على إسعادها.
- إسعادها ليس شأنك. ماذا بك؟ أهكذا تعبِّر عن احترامك لرغبة أبيك؟ طيِّب!
- أنت وما تشاء، أمَّا أنا فلا أريد أن أتزوَّج، ولن أتزوَّج.

- أنت ستتزوّج، وإلّا فإنّي سألعنك، وسأبيع، بإذن الله، الأملاك وأبدِّد ثمنها، ولن أترك لك شيئًا. أُمهلك ثلاثة أيّام تفكّر فيها، وفي هذه الأثناء حاول ألّا تقع عيني عليك.

كان أليكسي يعرف أنَّ أباه إذا وضع في رأسه فكرة، فلن تقتلعها حتى لو طرقتها بإزميل، على حدِّ تعبير سكوتينين، ولكنَّه كان كأبيه، من الصعب أيضًا أن تُثنيه عن رأيه. ذهب إلى غرفته وراح يفكِّر في حدود السلطة الأبويَّة، وبليزافيتا غريغوريفنا، ووعد أبيه الرسمي بجعله فقيرًا معدمًا، وأخيرًا فكَّر بأكولينا. وللمرَّة الأولى رأى بوضوح أنَّه يحبُّها حبًّا جارفًا. وخطرت في باله فكرة رومانتيكية بشأن زواجه من الفلّاحة والعيش من كدِّ يمينه، كان كلَّما أطال التفكير في الأمر، ازدادت قناعته بصوابه. كانت اللقاءات في الغابة متوقِّفة منذ بعض الوقت بسبب الطقس الماطر، فكتب لأكولينا رسالة بأوضح خطٍّ، وبأشدِّ العبارات انفعالًا، يخبرها فيها بالهلاك الذي يتهدَّدهما، ويقترح عليها الزواج، وحمل الرسالة في الحال إلى صندوق بريدهما في شجرة البلوط، ثم ذهب إلى النوم راضيًا جدًّا عن نفسه.

في اليوم التالي، ذهب أليكسي المصمِّم على تحقيق ما نواه، لزيارة مورومسكي في الصباح الباكر كي يصارحه بالأمر، وقد أمل أن يستثير نخوته ويستميله إلى جانبه.

- «هل غريغوري إيفانوفيتش في البيت؟»، سأل وهو يوقف حصانه أمام مدخل قصر بريلوتشينو.

- «لا يا سيِّدي»، أجاب الخادم، «لقد غادر غريغوري إيفانوفيتش منذ الصباح».

- «كم هذا مؤسف!»، قال أليكسي في سرِّه. «وهل ليزافيتا غريغوريفنا غير موجودة أيضًا؟».

- إنَّها في البيت يا سيِّدي.

قفز أليكسي عن ظهر جواده، أعطى مقود الفرس للخادم، ودخل المنزل من دون استئذان. «سيحسم الأمر كلَّه الآن»، قال في سرِّه، وهو يقترب من غرفة الجلوس، «سأكاشفها، هي ذاتها، بالأمر».

دخل الغرفة... وجمد ذهولًا! ليزا... لا، أكولينا، حبيبته السمراء أكولينا، تجلس أمام النافذة مرتدية ثوبًا صباحيًّا خفيفًا أبيض، لا سرفانًا خشنًا، وتقرأ رسالته. لقد كانت منشغلة للغاية فلم تلحظ كيف دخل. أمَّا هو فلم يستطع أن يكتم صيحة فرح. أجفلت ليزا ورفعت رأسها، صرخت وهي تحاول الفرار، فاندفع يمسك بها.

- أكولينا، أكولينا!...

حاولت ليزا الإفلات وهي تكرِّر مشيحة بوجهها:

«Mais laissez-moi donc, monsieur, mais êtes-vous fou?»$^{(1)}$.

- «أكولينا! صديقتي أكولينا!»، راح يكرِّر وهو يقبِّل يديها.

أمَّا الآنسة جاكسون التي كانت تشاهد ذلك، فحارت في أمرها، وفي هذه اللحظة فُتح الباب ودخل غريغوري إيفانوفيتش.

- «آها!»، قال مورومسكي، «يبدو لي أنَّ القضيَّة قد سُوِّيت تمامًا»...

وسيعفيني القرَّاء من بذل جهد لا لزوم له في وصف نهاية هذه القصَّة.

نهاية قصص إي. ب. بيلكين.

عام 1830

---

(1) اتركني يا سيِّد؟ هل جننت؟

تاريخ قرية غوريوخينو

كتب بوشكين هذا العمل عام 1830. وكان في البداية ينوي أن يضمَّ «تاريخ قرية غوريوخينو» إلى قصص بيلكين، بوصفها «مسقط رأس» المرحوم، لكنَّه لم يُتمَّ كتابة عمله، إلَّا أنَّ القسم الذي أنجزه يقدِّم صورة حيَّة عن القرية في ظلِّ نظام القنانة، وإفلاسها التدريجي وفقر الفلَّاحين، وتضاؤل الملكيات الزراعية فيها.

استقى بوشكين موضوعه من ملاحظاته الشخصية لحياة الفلَّاحين في مزارع عائلة بوشكين في نيجني نوفغورود. وتضمَّنت مخطوطة «تاريخ قرية غوريوخينو» خُططًا لبناء الفصول، ورؤوس أقلام لما يجب أن تتضمَّنه: «نظرة عامَّة إلى واقع القرية، السكَّان والطباع». «عدد السكَّان، نمط العمارة، الكنيسة المبنيَّة من الخشب». «التجارة، الأعراس، الجنازات، الملابس، اللغة، الشعر». ووردت

في نهاية هذه الخُطط كلمة «التمرُّد» وهي على ما يبدو إشارة إلى الروايات التي تناقلها الناس عن «ثورة بوغاتشوف» عام 1774، الأمر الذي يدلُّ على أنَّ بوشكين كان ينوي الكتابة عنها في عمله.

إذا وهبني الربُّ قرّاءً، فقد يكون من المشوِّق أن يعرفوا كيف قرَّرت أن أكتب تاريخ قرية غوريوخينو، ولذا، من واجبي الخوض في بعض التفاصيل الممهِّدة لذلك.

وُلدت لأبوين نزيهين ونبيلين في قرية غوريوخينو عام 1801، في الأوَّل من نيسان (أبريل)، وتلقَّيت تعليمي الأوَّلي من قسِّيس القرية. وأنا مدين لهذا الرجل المحترم بالميل، الذي نشأ عندي فيما بعد، إلى القراءة وإلى الانشغالات الأدبيَّة عمومًا. صحيح أنَّ نجاحاتي كانت بطيئة، ولكنَّها كانت متينة، فمنذ كنت في العاشرة من عمري عرفت تقريبًا كلَّ ما بقي حتى اليوم في ذاكرتي الضعيفة بالفطرة، التي لم تمكِّنِّي، بسبب صحَّتي الجسدية المماثلة لها في الضعف، من تحصيل المزيد.

لقد كنت دائمًا أحسد من يُسمَّى أديبًا. أبواي من الناس المحترمين ولكنَّهما بسيطان، تربَّيا على النمط القديم، فلم يقرآ في حياتهما أيَّ كتاب، ولم يكن في البيت كلِّه غير كتيِّب الأبجدية الذي اشترياه لي، ورزنامة، وكتاب نصوص جديد. ظلَّت قراءة كتاب النصوص عملي المفضَّل لفترة طويلة، حتى أنِّي حفظته عن ظهر قلب. ومع ذلك، كنت في كلِّ يوم اكتشف فيه جماليات لم ألحظها من قبل. فبعد الجنرال بليميانيكوف الذي خدم والدي وصيفًا عنده، بدا لي أنَّ كورغانوف رجل من أعظم الرجال. سألت الجميع عنه، ولكن، من المؤسف أنَّ أيًّا منهم لم يستطع إرضاء فضولي، لم يكن أيٌّ منهم يعرفه شخصيًّا، وكانوا جميعًا يكتفون بالإجابة أنَّ كورغانوف ألَّف أحدث كتاب للنصوص، وهذا أمر كنت أعرفه من قبل معرفةً أكيدة. ظلمة المجهول كانت تلفُّ كورغانوف، وكأنَّه واحد من أنصاف الآلهة القدماء، بل كنت أشكُّ أحيانًا في حقيقة وجوده. لقد بدا لي أنَّ اسمه مختلَق، وأنَّ ما يُحكى عنه أسطورة فارغة تنتظر نيبورًا جديدًا لاكتشافها. غير أنَّه ظلَّ يُطارد خيالي باستمرار، فحرصت على تكوين صورة ما

لهذه الشخصية الغامضة، وقرَّرت أخيرًا أنَّه يجب أن يكون شبيهًا برئيس المجلس البلدي كوروتشكين، عجوزًا صغير الحجم، ذا أنف أحمر وعينين لامعتين.

في عام 1812 جاء بي أبواي إلى موسكو، وألحقاني بمدرسة كارل إيفانوفيتش ميير الداخلية، حيث لم أقضِ أكثر من ثلاثة أشهر لأنَّهم صرفونا من المدرسة بسبب تقدُّم العدوِّ، فعُدت إلى القرية. بعد طرد العدوِّ أرادا الذهاب بي من جديد إلى موسكو، لعلَّ كارل إيفانوفيتش يكون قد عاد إلى مدرسته التي باتت أنقاضًا، أو تسجيلي في معهد آخر، في حال عدم عودته. غير أنِّي رجوت أمِّي أن تتركني في الضيعة، لأنَّ صحَّتي لم تكن تسمح لي بالاستيقاظ في السابعة صباحًا، كما هي العادة في المدارس الداخلية كلِّها. وهكذا بلغت السادسة عشرة من العمر مكتفيًا بما حصَّلته من تعليم في المرحلة الابتدائية، وبلعب «اللابتا»[1] مع أترابي، وهي العلم الوحيد الذي حصَّلته وأتقنته بما فيه الكفاية في أثناء وجودي في المدرسة الداخلية.

في تلك الأثناء التحقت مبتدئًا في فوج للمشاة، وظللت فيه حتى عام 1788 الماضي. وقد تركت لي فترة وجودي في الفوج انطباعات لا تسرُّ كثيرًا، ما عدا حدث ترفيعي إلى رتبة ضابط، وربحي 250 روبلًا حين لم يكن في جيبي سوى روبل واحد وستِّين كوبيكًا. غير أنَّ موت والديَّ الغاليين أرغمني على الاستقالة والعودة إلى المزرعة التي ورثتها.

تلك المرحلة من حياتي مهمَّة جدًّا وهذا ما يدفعني إلى التفصيل في الحديث عنها، معتذرًا سلفًا من قارئي الطيِّب، عن سوء استغلالي للاهتمام الذي تكرَّم فمنحني إيَّاه.

كان اليوم خريفيًّا عابسًا. وصلت إلى المحطة التي يجب أن أتوجَّه منها إلى غوريوخينو. استأجرت عربة انطلقت بي في طريق زراعية. وعلى الرغم من أنِّي ذو طبع هادئ بالفطرة، تملَّكني، بسبب تلهُّفي لرؤية الأماكن التي قضيت فيها

---

(1) لابتا: لعبة روسية بين فريقين بكرة صغيرة.

أجمل أعوام حياتي، نفاد صبر شديدًا، فرُحت في كلِّ دقيقة أحضُّ الحوذيَّ على الإسراع، واعدًا إيَّاه بإكرامية لشراء الفودكا حينًا، ومهدِّدًا إيَّاه بالضرب في حين آخر. وقد كان أسهل عليَّ أن أنعره في ظهره، من أن أفتح كيس نقودي، لذا قمت - أعترف بذلك - بضربه ثلاث مرَّات، الأمر الذي لم أفعله من قبل أبدًا، ففئة الحوذيِّين كانت لسبب لا أدريه، لطيفة معي بوجه خاص. انطلق الحوذيُّ مسرعًا بالعربة، ولكن، بدا لي أنَّه، بحسب عادة الحوذيِّين، يشدُّ الرسن خلفًا وهو يهدِّئ الخيول ويلوِّح بالسوط. أخيرًا رأيت غابة غوريوخينو، وبعد عشر دقائق دخلت فناء بيتنا. خفق قلبي بعنف، ورحت أتأمَّل ما حولي بانفعال لا يوصف. ثمانية أعوام انقضت لم أرَ فيها غوريوخينو. أشجار البتولا التي غرسوها قبل سفري قرب السياج، كبرت وصارت عالية كثيرة الأغصان. والفناء الذي كان ذات يوم مزيَّنًا بثلاثة أحواض أنيقة من الزهور، تمرُّ بينها دروب عريضة مفروشة بالرمل، صار الآن حاكورة مهملة ترعى فيها بقرة شهباء. توقَّفت عربتي أمام المدخل الأمامي للمنزل. وذهب خادمي ليفتح الباب، ولكنَّه كان مقفلًا رغم أنَّ نوافذ البيت مفتوحة. بدا البيت مأهولًا. خرجت امرأة من كوخ الخدم وسألتني عمَّن أبحث. وحين عرفَت أنَّ السيِّد النبيل قد وصل، هرعت عائدة إلى كوخ الخدم الذين سرعان ما تحلَّقوا حولي. تأثَّرت حتى أعماق قلبي وأنا أرى وجوهًا أعرفها، وأخرى لا أعرفها، ورحت أتبادل القبل بودٍّ مع الجميع: أترابي الذين كانوا أطفالًا صاروا رجالًا الآن، والبنات اللواتي كنَّ يجلسن أرضًا في انتظار أوامر السادة، صرن نساء متزوِّجات. كان الرجال يبكون. وكنت أقول للنسوة من دون تحفُّظ:

- لشدَّ ما هرمتنَّ!

فيُجبنني بانفعال:

- وأنت يا أبتِ، كم صرتَ قبيحًا!

اقتادوني إلى المدخل الخلفيِّ، وهناك خرجَت للقائي مربِّيتي، فعانقتني وهي تجهش بالبكاء، كما لو كانت أوديسا المعذَّبة. أسرع الجميع في تحضير

الحمَّام. وهرع الطبَّاخ - الذي أطال لحيته لعدم وجود ما يشغله - يحضِّر لي طعام الغداء أو العشاء، فقد بدأ الظلام يهبط. نظَّفوا لي، في الحال، الغرف التي كانت تعيش فيها المرحومة أمِّي مع المربِّية والخادمات، وهكذا وجدت نفسي في بيت أبي الذي ساده الهدوء، ونمت في تلك الغرفة نفسها، حيث وُلدت قبل ثلاثة وعشرين عامًا.

أمضيت قرابة ثلاثة أسابيع في أشغال متنوِّعة. تعاملت مع أعضاء المجلس المحلِّي، والإداريين، وشتَّى الموظَّفين في المقاطعة. وأخيرًا تسلَّمت الميراث وتمَّ تسجيلي مالكًا لتركة أبي، فهدأت. ولكنَّ الملل من العطالة سرعان ما بدأ يُعذِّبني، ولم أكن قد عرفت بعد جاري الطيِّب المحترم. وكانت الأعمال الزراعية غريبة عنِّي عمومًا. أمَّا أحاديث مربِّيتي، التي جعلتها مدبِّرة منزلي ووكيلة أعمالي، فتلخَّصت عدديًّا بخمس عشرة دعابة منزلية، كانت تثير فضولي كثيرًا، لكنَّ روايتها في كلِّ مرَّة برتابة جعلتها في نظري سجلًّا أعرف أين أجد كلَّ سطر فيه، وفي أيِّ صفحة. السجلُّ الحقيقي الذي يستحقُّ التقدير وجدته في مستودع بين كومة من الأشجار المهملة، وكان في حالة سيِّئة. حملته إلى حيث الضوء، وبدأت قراءته، لكنَّ كورغانوف كان قد فقد في نظري روعته السابقة، قرأته مرَّة ثانية، ولم أفتحه بعد ذلك.

خطر في بالي، وأنا في هذه المنطقة النائية، سؤال: «لِمَ لا أؤلِّف أنا نفسي شيئًا ما؟». إنَّ قارئي الطيِّب يعرف حتى الآن أنِّي لم أتلقَّ تعليمًا ذا قيمة، ولم تسنح لي الفرصة لتحصيل ما فات، إذ بقيت حتى سنِّ السادسة عشرة ألهو مع الصبية أولاد الفلَّاحين، ثم رحت بعد ذلك أتنقَّل من مقاطعة إلى مقاطعة، ومن شقَّة إلى شقَّة. أقطِّع الوقت في مخالطة اليهود وأصحاب الخمَّارات، وألعب البلياردو، على طاولات تمزَّق قماشها من كثرة الاستعمال، وأخوض في أوحال المسيرات العسكرية.

أضف إلى ذلك، أنَّ ممارسة التأليف بدت عملًا يتطلَّب معرفة، ولا يمكن لنا نحن غير المطَّلعين بلوغه. الأمر الذي جعلني أخاف في البداية فكرة الإمساك

بالريشة، فمن أين لي أن أطمح لأن أكون في يوم ما في عداد الكتَّاب، أنا الذي لم تتحقَّق في يوم من الأيَّام، رغبتي اللاهبة في لقاء أيٍّ منهم؟ لكنَّ هذا يذكِّرني بحادثة أنوي أن أرويها كبرهان على عشقي الدائم للأدب القومي.

في عام 1820، وكنت لا أزال طالبًا في الكلية الحربية، ذهبت في مهمَّة رسمية إلى بيتربورغ. أقمت هناك أسبوعًا، وعلى الرغم من أنِّي لم أكن أعرف أحدًا، استمتعت كثيرًا بما قضيته فيها من وقت: كنت في كلِّ يوم أتسلَّل إلى المسرح، إلى شرفة الطابق الرابع. كنت أعرف الممثِّلين كلِّهم بالاسم، وقد همت حبا بـ -- التي أدَّت في يوم من أيَّام الأحد، دور «آماليا» في مسرحية «الحقد والندم» بمهارة فنِّية عالية. وكنت حين أعود في الصباح من مقرِّ القيادة، أمرُّ عادة بمحلٍّ حلويَّات واطئ السقف، فأقرأ المجلَّات وأنا أتناول كوبًا من الكاكاو. وذات يوم، بينما كنت جالسًا مستغرقًا في قراءة مقالة نقدية لـ«بلاغونميرينوف»، اقترب منِّي رجل يرتدي معطفًا أخضر، فـجَرَّ من تحت كتابي بهدوء، صفحة من صحيفة «هامبورغ». كنت منشغلًا عنه، حتى أنِّي لم أنظر إليه. جلس الرجل قبالتي وطلب لنفسه قطعة بفتيك، وظللت مستغرقًا في القراءة، غير مهتمٍّ به. تناول فطوره، شتم النادل غاضبًا من سوء تحضير البفتيك، وشرب نصف زجاجة من النبيذ، وخرج من المحلِّ. كان شابَّان يتناولان الفطور بالقرب منِّي.

- «أتعرف من كان ذلك الرجل؟»، سأل أحدهما الآخر.
- إنَّه الكاتب ب-.
- «الكاتب!»، صرخت رغمًا عنِّي.

تركت المجلَّة التي لم أكمل قراءتها، وكوب الكاكاو الذي لم أكمل شربه، وهرعت أدفع الحساب، ثم انطلقت إلى الشارع من دون أن أستردَّ بقيَّة نقودي من البائع.

جُلت بنظري في جميع الاتجاهات، رأيت المعطف الأخضر من بعيد، فاندفعت ألحق به في شارع نيفسكي وأنا أكاد أركض. سرت بضع خطوات، فشعرت فجأة ببعضهم يستوقفني. نظرت، فإذا بضابط من سلاح الفرسان، يقول

لي موبِّخًا إنَّه ما كان يجوز أن أدفعه عن الرصيف، بل كان الأحرى بي أن أتوقَّف منتصب القامة احترامًا له. صرت أكثر حذرًا بعد هذا الإنذار، ولكن، لسوء حظِّي كنت ألتقي في كلِّ دقيقة ضابطًا، وفي كلِّ دقيقة أتوقَّف منتصب القامة احترامًا له، أمَّا الكاتب فكان يزداد بُعدًا عنِّي... لم يكن معطفي العسكري في أي وقت ثقيلًا إلى الحدِّ الذي بلغه آنذاك، ولم تكن شارات الرتب موضع حسد شديد كالذي شعرت به حينها. وأخيرًا، لحقت بالمعطف الأخضر عند جسر آينتشكين.

- «اسمح لي بالسؤال»، قلت وأنا أرفع يدي إلى جبيني تحيَّة، «ألست السيد ب- الذي تشرَّفت بقراءة مقالاته الرائعة في مجلة **التربية المقارنة**؟».
- «لا، أبدًا»، أجابني، «أنا لست مؤلِّفًا، أنا خيَّاط، ولكنِّي أعرف ب- جيِّدًا، وقد التقيته عند جسر البوليس قبل ربع ساعة».

وهكذا تسبَّب لي حبِّي للأدب الروسي بخسارة الثلاثين كوبيكًا، التي لم أستردَّها، وإنذارًا في مجال الانضباط العسكري كاد يتحوَّل إلى سجن، وكل ذلك كان عبثًا.

لم تفارقني فكرة أن أصبح كاتبًا على الرغم من كلِّ الاعتراضات التي كان عقلي يثيرها. وأخيرًا، صرت عاجزًا عن مقاومة نداء الطبيعة، فكرَّست لنفسي دفترًا سميكًا ونويت أن أملأه بكلِّ شيء. درست أجناس الشعر كلَّها (لم أكن قد فكَّرت بعد بالنثر لمكانته المتواضعة) وقوَّمتها، وقرَّرت بحزم كتابة قصيدة ملحمية استلهمتها من التاريخ الوطني. لم أبحث طويلًا عن بطل لملحمتي. انتقيت ريوريك، وبدأت العمل.

كنت قد اكتسبت بعض المهارات في كتابة الشعر، من خلال نَسخي لدفاتر الأشعار التي كان ضبَّاطنا يتداولونها، أعني بالضبط: «الجار الخطر»، و«نقد لبولفار موسكو»، و«بحيرات بريسنيا» وغيرها. وعلى الرغم من ذلك، وجدت قصيدتي صعوبة في تقدُّمها، فتركتها في المقطع الثالث، معتقدًا أنَّ الجنس الملحمي ليس الجنس الذي يناسبني، وبدأت تأليف تراجيديا «ريوريك». لم أنجح في ذلك.

فجرَّبت الالتفات إلى الأنشودة، لكنِّي لم أنجح في كتابة الأنشودة أيضًا. وأخيرًا ألهمني الوحي، فبدأت وأنهيت بنجاح كتابة وصف لبورتريه ريوريك.

وعلى الرغم من إدراكي أنَّ ما كتبته لم يكن يستحقُّ الاهتمام عمومًا، لا سيَّما وأنَّه أوَّل إبداعات شاعر شابٍّ مبتدئ، شعرت بأنِّي لم أُخلق شاعرًا، واكتفيت بتلك التجربة الوحيدة. غير أنَّ محاولاتي الإبداعية شدَّتني بقوَّة للاشتغال في الأدب، وعجزت عن مفارقة الدفتر والمحبرة، فقرَّرت الهبوط إلى كتابة النثر. في البداية، لم أرغب في التحضير المسبق لعملي، ووضع خطَّة له، وترتيب لفصوله، وما شابه ذلك، بل قرَّرت أن أكتب خواطر متفرِّقة أدوِّنها كما ترد في خاطري، من دون ترابط أو ترتيب. ظلَّ رأسي، لسوء الحظِّ، خاليًا من الأفكار، ولم أستطع في خلال يومين كاملين من التفكير أن أدوِّن شيئًا غير الملاحظة التالية:

«الإنسان الذي لا يخضع لقوانين العقل، بل يعتاد اتِّباع ما توحيه له أهواؤه، يضيع في أغلب الأحيان، ويعرِّض نفسه لندم متأخِّر».

إنَّ هذه الفكرة صحيحة طبعًا، ولكنَّها ليست جديدة. تركت التفكير، وبدأت بكتابة قصَّة، لكنِّي لم أكن أجيد ترتيب الأحداث المختلفة، ولذلك اخترت دعابات رائعة سمعتها في أوقات مختلفة من أشخاص مختلفين، وحاولت أن أزيِّن الحكاية بحيوية صادقة، وبزهرات من خيالي الشخصي أحيانًا. ورحت، في أثناء كتابتي للقصَّة، أكتسب شيئًا فشيئًا، أسلوبي الخاص، وأتعلَّم التعبير الصحيح والممتع وغير المتكلِّف. لكن سرعان ما نفد مخزوني، فصرت أبحث من جديد عن موضوع لنشاطي الأدبي.

إنَّ فكرة التخلِّي عن الدعابات التافهة المثيرة للشكوك، والتفرُّغ لرواية أحداث حقيقية وعظيمة كانت تُقلق خيالي منذ زمن بعيد. لقد بدا لي أنَّ أسمى الدرجات التي يرقى إليها الكاتب هي أن يكون قاضيًا وشاهدًا ونبيًّا يكشف مصائر العصور والشعوب. لكن، أيُّ تاريخ يمكن أن أكتبه أنا بثقافتي الضحلة، ولم يسبقني إليه الرجال الشرفاء، الواسعو المعرفة؟ أيُّ نوع من التاريخ تركوه

من دون تمحيص حتى أدقِّ التفاصيل؟ هل أكتب تاريخ العالم على الرغم من وجود عمل الراهب ميلوت الخالد؟ هل ألتفت إلى التاريخ الوطني؟ ما الذي يمكن أن أضيفه بعد تاتيشيف، وبولتين، وغوليكوف؟ وهل لي أنا أن أغوص في المدوَّنات المخطوطة وأكتشف المعنى المخبوء في اللغة القديمة، رغم أنِّي عجزت عن حفظ حتى الأرقام في اللغة السلافية؟ لقد فكَّرت بكتابة تاريخ أقل حجمًا، كتاريخ مدينتنا الريفية مثلًا. ولكنَّ العقبات واجهتني هنا أيضًا، عقبات لم أستطع تجاوزها، كالسفر إلى المدينة، وزيارة حاكم المقاطعة، وغيره من المسؤولين، وطلب الإذن بالاطلاع على الأرشيف، والبحث في خزائن الدير وغير ذلك. لقد كانت كتابة تاريخ بلدتنا الريفية عملًا سهلًا بالنسبة إليَّ لو لم تكن موضع اهتمام الفيلسوف، والمتنفِّع، ولو كانت تتيح مجالًا أوسع للبلاغة: لقد منحت قرية -- اسم المدينة في عام --17، والحديث الكبير الوحيد الذي شهدته وسجَّلته المدوَّنات، هو الحريق المرعب الذي حدث قبل عشرة أعوام فدمَّر البازار والأماكن المحيطة به.

ثمَّة حدث مصادف فسَّر كلَّ ما غمض عليَّ، فقد وجدَت امرأةٌ، كانت تنشر الغسيل على السطح، سلَّة قديمة ممتلئة بملاقط الغسيل وأشياء مهملة أخرى وكتبًا. كان المنزل كلُّه يعرف ولعي بالقراءة. وبينما كنت جالسًا إلى دفتري، أعضُّ الريشة وأفكِّر في المواعظ الريفية، جرَّت مدبِّرة منزلي السلَّة إلى غرفتي بحماسة، وهي تهتف بفرح:

- كُتب! كُتب!

كرَّرتُ هتافها:

- كُتب!

واندفعت نحو السلَّة مبتهجًا، فوجدت فعلًا، كومة كاملة من الروزنامات، ففترَت حماستي حين اكتشفتُ ذلك، لكنِّي كنتُ فرحًا بهذه اللُّقيَة المصادفة على كلِّ حال، فهذه الروزنامات كتب في نهاية المطاف، لذا كافأت جهود الغسَّالة بنصف روبل فضِّي.

حين بقيت وحيدًا، رحت أتأمَّل روزناماتي التي سرعان ما شدَّت اهتمامي بقوَّة، فقد كانت سلسلة متَّصلة من عام 1744 إلى عام 1799، أي خمسة وخمسين عامًا بالتمام. الأوراق الزرقاء المكرَّسة بين دفَّاتها مكتوبة كلُّها بخطٍّ قديم. ألقيتُ نظرة على سطور تلك الأوراق، فرأيت أنَّها لا تتضَّمن معلومات عن الطقس والحسابات فقط، ولكنَّها تحتوي أيضًا أخبارًا تاريخية موجزة، تتعلَّق بقرية غوريوخينو. شرعت على الفور في قراءة هذه المخطوطات القيِّمة، فاكتشفتُ سريعًا أنَّها تاريخ كامل لمسقط رأسي في خلال ما يقرب من نصف قرن مرتَّب ترتيبًا زمنيًّا صارمًا للغاية. أضف إلى ذلك أنَّها تضمَّنت مخزونًا لا ينضب من المعلومات الاقتصادية والإحصائية والمناخية وملحوظات علمية أخرى متنوِّعة. فانصرفت كلِّيًا، منذ ذلك الوقت، إلى دراسة تلك الأوراق إذ رأيت أنَّ باستطاعتي أن أستخلص منها نصًّا منسجمًا مثيرًا للاهتمام ومفيدًا. وبعد أن تعمَّقت في معرفة هذه الآثار المخطوطة، شرعت أبحث عن مصادر أخرى لتاريخ قرية غوريوخينو، وسرعان ما أدهشتني وفرتها. لقد خصَّصت ستَّة أشهر كاملة لدراسة تلك المصادر تحضيرًا للكتابة. ثمَّ بدأتُ ذلك العمل الذي رغبت في كتابته منذ زمن، وأنهيتُه بعون الله في الثالث من شهر تشرين الثاني (نوفمبر) عام 1827.

وأنا الآن أفعل ما فعله مؤرِّخ آخر نسيت ذكر اسمه، أضع الريشة من يدي بعد الانتهاء من عملي البطولي الصعب، وأمضي حزينًا إلى حديقة منزلي، مفكِّرًا في ما أتممته، فيبدو لي أنَّ العالم لن يحتاجني الآن، بعد أن كتبت تاريخ غوريوخينو، لقد أدَّيت واجبي، وآن لي أن أرحل!

***

فيما يلي قائمة بالمصادر التي استخدمتها في كتابة تاريخ غوريوخينو:

1- مجموعة الروزنامات القديمة. 54 روزنامة. الأجزاء العشرون الأولى أوراقها مكتوبة بخطٍّ قديم ولها عناوين. إنَّها مخطوطة ألَّفها جدِّي أندريه ستيبانوفيتش بيلكين. وهي تمتاز بالوضوح والإيجاز، نقرأ مثلًا: 4 أيَّار (مايو). ثلج. ضربوا تريشكا لفظاظته. 6- اليوم وقعت البقرة

الرمادية. ضربوا سينكا لسكره. 8- الطقس صحو. 9- مطر وثلج. ضربوا تريشكا بسبب سوء الطقس. 11- الطقس صحو. بوروشا. اصطاد ثلاثة أرانب، وما شابه ذلك من عبارات كتبت من دون تفكير مسبق... الأجزاء الـ 35 التالية مكتوبة بخطوط مختلفة، معظمها تدوَّن على طريقة البقَّالين كما يُقال، بعضها يحمل عناوين وبعضها من دون عنوان، وهي عمومًا كثيرة الحشو، ومفكَّكة، ولا تراعي قواعد الإملاء. يلحظ المرء أنَّ بعضها كُتب بيد أنثوية. ويتضمَّن هذا الجزء ملاحظات كتبها جدِّي إيفان أندرييفيتش بيلكين وجدَّتي، زوجته يفبراكسيا أليكسييفنا، وكذلك ملاحظات الوكيل غوربافيتسكي.

2- مخطوطة قسِّيس قرية غوريوخينو. لقد وجدت هذه المخطوطة المثيرة للاهتمام عند الخوري الذي يتولَّى رعايتي، المتزوِّج من ابنة كاتب المخطوطة. الأوراق الأولى من المخطوطة منزوعة، استخدمها أبناء الخوري في صنع طائرات ورقية. إحدى هذه الطائرات سقطت في قلب باحة بيتي. حملتها، وأردت إعادتها إلى الأولاد، ولكنِّي لاحظت أنَّها ممتلئة بالكتابة. لقد لاحظت من الأسطر الأولى أنَّ الطائرة صُنعت من أوراق المخطوطة، التي حالفني الحظُّ في إنقاذ بقيَّة أوراقها، وقد كلَّفتني هذه المخطوطة التي حصلت عليها رُبع مُدٍّ من الحبوب، ولكنَّها امتازت بعمق أفكارها، وبرقيٍّ غير عادي في أسلوبها.

3- الحكايات الشفوية. أنا لم أكن أُهمل أيَّ خبر يتناقله الناس، ولكنِّي مدين بشكل خاص لأغرافينا تريفونوفا، أمِّ رئيس الفلَّاحين أفدييا، التي كانت، كما يُقال، عشيقة الوكيل غاربوفيتسكي.

4- سجلَّات إحصاء الأقنان وما تحويه من ملاحظات رؤساء الفلَّاحين السابقين (حسابات المداخيل والنفقات) حول أمزجة الفلَّاحين وأحوالهم.

***

البلاد المسمَّاة باسم عاصمتها غوريوخينو تشغل على الكرة الأرضيَّة أكثر من 240 دونمًا من الأرض. عدد سكَّانها يصل إلى 63 نسمة. تحدُّها من الشمال قريتا ديريوخوفو وبيركوخوفو، سكَّان هاتين القريتين فقراء وناحلون وقِصار القامة، أما مُلَّاكها فمتعجرفون ومولعون بالتدرُّب الحربي على صيد الأرانب. من الجنوب يفصلها نهر سيفكا عن أملاك الكاراتشيفيين، زُرَّاع القمح الأحرار، وهم جيران مقلقون معروفون بقسوة طباعهم وحدَّتها. وتجاورها من الغرب حقول الزاخاريِّين المزهرة، وهؤلاء ينعمون بالحياة تحت سلطة مُلَّاك حكماء متنوِّرين. وتلتصق من الشرق بأماكن موحِشة مقفرة تمتدُّ حتى مستنقع لا يمكن اجتيازه، حيث لا ينمو غير شجيرات الديس، ولا يُسمع غير نقيق الضفادع الرتيب، وتسري خرافة تزعم أنَّ المستنقع مسكون بأحد الشياطين.

ملاحظة: اسم هذا المستنقع «مستنقع الشيطان»، ويزعمون أنَّ راعية ضعيفة العقل كانت ترعى قطيعًا من الخنازير غير بعيد عن هذا المكان القفر، حبلت ذات يوم ولم تستطع أن تفسِّر بشكل مقنع ما حدث، فاتَّهم الناس شيطان المستنقع بذلك، غير أنَّ هذه الحكاية لا تستحقُّ اهتمام المؤرِّخ، فبعد ما كتبه نيبور بات الإيمان بذلك أمرًا لا يُغتفر.

٭

اشتهرت غوريوخينو منذ القدم بالخصب، وبمناخها الطيِّب المعتدل، ففي سهولها التي تغطِّيها السحب، ينمو الجودار، والقمح، والشعير، والذرة. ويزوِّد حرجُ أشجار البتولا وغابة السرو السكَّان بالحطب والخشب لبناء البيوت وتدفئتها. ولم يكن هناك أيُّ نقص في الجوز، والتوت البرِّي، والكرز الأسود. كانت نباتات الفطر تنمو بكمِّيات غير عادية، يطيب للسكَّان تناولها مطبوخة بالقشطة، رغم أنَّ هذا النوع من الطعام ليس صحِّيًا. وكان حوض تجميع المياه ممتلئًا بأسماك الكاراس، أمَّا نهر سيفكا فتعيش فيه أسماك القرش والناليم.

٭

سكَّان غوريوخينو في غالبيَّتهم متوسِّطو القامة، متينو البنية، أشدَّاء، عيونهم رمادية، وشعرهم أشقر أو أحمر. تمتاز النساء بأنوفهنَّ الشامخة قليلًا، وعضلاتهنَّ البارزة، وأجسادهنَّ المشدودة. ملاحظة: «امرأة ضخمة»، تعبير يجده المرء كثيرًا في تقارير التفتيش. أمَّا الرجال فأصحاب أمزجة طيِّبة، محبُّون للعمل (لا سيما في حقولهم الخاصَّة)، وشجعان، و«حربجيُّون»؛ الكثيرون منهم يذهب واحدهم لملاقاة الدبِّ منفردًا، ويشتهرون في المنطقة بقوَّتهم في المصارعة، وجميعهم، عمومًا، ميَّالون للاستمتاع بالثمالة. تشارك النسوة الرجال في معظم أعمالهم، إلى جانب أدائهنَّ للأعمال المنزلية، وهنَّ لسن أقلَّ من الرجال إقدامًا، فقليلات بينهنَّ من يَخفن من رئيس الفلَّاحين. يتكوَّن منهنَّ فريق حراسة اجتماعية قويٌّ متيقِّظ دائمًا في دار مالك المزرعة، يُطلق على عناصره لقب الرمَّاحات (من الكلمة السلوفينية «رمح»). واجب الرمَّاحات الرئيس هو رمي الحجارة على لوح حديدي، لإخافة اللصوص. إنهنَّ ذكيَّات بقدر ما هنَّ جميلات، يُجبِن من يتواقح معهنَّ إجابات صارمة ومعبِّرة.

اشتهر سكَّان غوريوخينو منذ القدم بتجارة نشِطة بالصنادل المجدولة من لحاء الأشجار، والسلال، والأواني الخشبية. وقد سهَّل لهم ذلك نهر سيفكا الذي كانوا يعبرونه في الربيع على أطواف من جذوع الأشجار كالإسكندينافيين القدماء، ويجتازونه في الأوقات الأخرى من العام سيرًا على الأقدام بعد أن يرفعوا أكمام سراويلهم حتى الركبة.

من المؤكَّد أنَّ لغة الغوريوخيين لهجة سلافية. ولكنَّها كاللغة الروسية، تختلف عن اللغة السلافية. إنَّها لهجة غنيَّة بالاختصارات وحذف المقاطع، بل إنَّ بعض الحروف تختفي منها تمامًا، أو تستبدل بها حروف أخرى. غير أنَّ ابن روسيا الكبرى يستطيع أن يفهم كلام الغوريوخاني بسهولة، والعكس صحيح.

كان الرجال يتزوَّجون في سنِّ الثالثة عشرة من البنات في العشرين. وكانت النساء يضربن أزواجهنَّ مدَّة أربع أو خمس سنوات. بعد ذلك يبدأ الرجال

بضرب زوجاتهم، وهكذا يملك كلٌّ من الجنسين السلطة فترة من الزمن، وبذلك يظلُّ التوازن قائمًا.

وتجري طقوس التشييع والدفن عندهم على النحو التالي: ينقلون المحتضر في يوم وفاته إلى المقبرة، كي لا يشغل الميّت المكان في الكوخ عبثًا. لذا، كان يحدث أحيانًا أن يعطس المتوفَّى في لحظة حمله إلى القبر، أو يتثاءب باعثًا في نفوس الأقارب فرحًا لا يوصف. كانت النساء يندبن أزواجهنَّ فيعولن قائلات: «يا نور حياتي، أيُّها الرأس المقدام! لمن تركتني من بعدك؟ بماذا أرثيك؟». وبعد العودة من المقبرة يبدأ حفل السُّكْر على شرف المتوفَّى، فيسكر الأقارب والأصدقاء يومين أو ثلاثة، بل قد يستمرُّون في السُّكْر أسبوعًا كاملًا، وذلك بحسب تأثُّرهم وتعلُّقهم بذكرى الفقيد. ولا تزال هذه الطقوس القديمة باقية حتى اليوم.

يتألَّف لباس الغوريوخيين من قميص مفلوت فوق السراويل، وهذه علامة مميَّزة تؤكِّد منشأهم السلافي. وهم يرتدون في الشتاء عباءة من فرو الخروف، لكنَّهم يرتدونها للزينة، أكثر ممَّا للحاجة الفعلية، فهم، عادة، يضعونها على إحدى الكتفين، وينزعونها عند القيام بأيِّ عمل يتطلَّب حركة، مهما كان صغيرًا.

العلوم والفنُّ والشعر، أمور موجودة في غوريوخينو منذ القِدم، وهي في حالة ازدهار جيِّد. فبالإضافة إلى الخوري ومنشدي التراتيل، كان في القرية دائمًا متعلِّمون. السجلَّات تذكر أنَّ موظَّف البلدية تيرينتي الذي عاش حوالي عام 1767، لم يكن يكتب باليد اليمنى فقط، بل باليد اليسرى أيضًا. لقد اشتهر هذا الإنسان الخارق في المنطقة، بتأليفه شتَّى أنواع الرسائل، والطلبات، وكتابة جوازات السفر المدنية وما شابه ذلك. وقد عانى أكثر من مرَّة بسبب مهارته، وحبِّه خدمة الآخرين، واشتراكه في أحداث رائعة مختلفة، ومات بعد أن أوغل في الشيخوخة، وكان آنذاك يحاول تعلُّم الكتابة بالقَدم اليمنى، لأنَّ خطَّي يديه الاثنتين باتا معروفين جدًّا. إنَّه، كما سيرى القارئ لاحقًا، صاحب دور مهمٍّ في تاريخ غوريوخينو.

كانت الموسيقى دائمًا الفنَّ المحبَّب لدى المثقَّفين الغوريوخينيين، البالالايكا والفولينكا[1] تُطربان قلوبهم الحسَّاسة، وألحانهما ما تزال حتى اليوم تتردَّد في بيوتهم، ولا سيما في المبنى البلدي القديم المزيَّن بشجرة سرو وصورة النسر ذي الرأسين.

والشعر ازدهر في الماضي في غوريوخينو. وقد بقيت في ذاكرة الأحفاد حتى اليوم أشعار أرخيب الأصلع.

إنَّها لا تقلُّ رقَّة عن أناشيد فرجيل الشهير، وتفوق كثيرًا في جمال خيالها قصائد السيِّد سوماروكوف في وصف الحياة الهانئة في أحضان الطبيعة، فهي رغم أنَّ إيقاعها أقلُّ رشاقة من إبداع أرباب شعرنا المعاصرين، تتساوى مع ذلك الإبداع فطنة وذكاء. نورد مثالًا هذه القصيدة الهجائية:

إلى بيت السيِّد النبيل
يمضي عمدة الفلَّاحين أنطون
يحمل الحساب في عُبِّه
يُعطيه للسيِّد النبيل
السيِّد النبيل يتأمَّله
فلا يفهم شيئًا
آه منك يا عمدة الفلَّاحين
سرقت السادة في كلِّ المنطقة
أفرغت القرية من أهلها
وأهديتها لزوجتك.

والآن، بعد أن عرَّفت قارئي بالحالة الإيثنوغرافية والإحصائية في غوريوخينو وبأخلاق سكَّانها وعاداتهم، نبدأ الرواية نفسها.

---

(1) آلة موسيقية شعبية روسية تعتمد النفخ في عدَّة أبواق في قربة جلدية.

أزمنة الحكايات
العمدة تريفون

تغيَّر أسلوب الإدارة في غوريوخينو عدَّة مرَّات. كانت القرية تخضع في أوقات مختلفة لسلطة العُمُد المنتخبين تارة، وللوكلاء الذين يُعيِّنهم الإقطاعي تارة ثانية، وأخيرًا، لسلطة الإقطاعيين المباشرة تارة ثالثة. وسأُظهر حسنات ومساوئ هذه الأساليب المختلفة في الإدارة في سياق روايتي.

تُغطِّي عتمة المجهول أساس غوريوخينو وساكنيها الأوائل. تقول حكايات غامضة الأصل: إنَّ غوريوخينو كانت في زمن ما قرية غنيَّة وواسعة، سكَّانها أغنياء، يجمعون الأتاوة مرَّة في العام ويرسلونها إلى جهة مجهولة في عدَّة عربات. في ذلك الزمن كان الناس يشترون كلَّ شيء بثمن بخس، ويبيعون كلَّ شيء بثمن مرتفع. لم يكن في القرية وكلاء، والعمد لا يسيئون لأحد، وكان السكَّان يعملون قليلًا ولكنَّهم يعيشون في بحبوحة، والرعاة يرعون قطعانهم منتعلين أحذية طويلة الساق. يجب ألَّا تُبهرنا هذه الصورة الجذَّابة. إنَّ فكرة العصر الذهبي موجودة عند الشعوب كلِّها، وهي لا تدلُّ إلَّا على أنَّ الناس غير راضين عن الحاضر، وأنَّهم، بحُكم التجربة، لا يعلِّقون كبير أمل على المستقبل، ولذا يزيِّنون الماضي، الذي تستحيل عودته، بكلِّ أزهار خيالهم. أمَّا الحقيقة فهي ما يلي:

كانت قرية غوريوخينو منذ القِدم مُلكًا لأسرة بيلكين المشهورة. ولكنَّ أجدادي الذين لهم أملاك أخرى كثيرة، لم يهتمُّوا بهذا البلد النائي. كانت غوريوخينو تدفع أتاوة صغيرة، وكان يديرها عُمُدٌ ينتخبهم الأهالي في مجلس يسمَّى «اللقاء الأهلي».

غير أنَّ أملاك آل بيلكين انقسَمت بمرور الزمن وأصابها الانحطاط. ولم يستطع أحفاد الجدِّ الثريِّ التخلِّي عن عاداتهم المكلفة، وراحوا يطالبون بدخل يساوي تمامًا ما كان سابقًا، من أملاكهم التي انخفض دخلها إلى عُشر ما كان عليه. وتتالت الرسائل المتوعِّدة واحدة إثر أخرى، يتلوها العمدة في المجلس، فيحار فيها الوجهاء، ويقلق الأهالي. أمَّا السادة، فكانوا يتلقُّون بدلًا من الأتاوة المضاعفة، اعتذارات مخاتلة، وشكاوى متذلِّلة مكتوبة على أوراق بلَّلتها الدموع، مختومة بقرش.

خيَّمت سحابة سوداء فوق غوريوخينو، ولكنَّ أحدًا لم يكترث لها. وفي العام الأخير من حُكم تريفون، آخر عمدة منتخبٍ من الأهالي، في يوم عيد الكنيسة بالضبط، حين كان الأهالي كلُّهم يحيطون صاخبين بالمبنى الترفيهي (المسمى بلغة العامة «خمَّارة»)، أو يهيمون في الشوارع متعانقين وهم يُنشدون بصوت عالٍ أغاني أرخيب الأصلع، وصلت إلى القرية عربة مغلقة مجدولة من القصب، يجرُّها حصانان موشكان على الموت. جلس على مقعد القيادة يهودي رثُّ الثياب، ومن داخل العربة، أطلَّ رأسٌ يعتمر قبَّعة عالية، وقد بدا أنَّه كان ينظر بفضول إلى الناس المبتهجين. استقبل السكَّان العربة بالضحك والسخرية الفظَّة. (ملاحظة: راح المجانين يلفُّون أذيال أثوابهم بشكل أبواق ويتهجَّمون على الحوذي اليهودي وهم يهتفون: «يا يهودي، يا يهودي، كُل أُذن الخنزير!»... هذا ما سجَّله كاهن غوريوخينو). لكنَّهم دُهشوا كثيرًا حين توقَّفت العربة، وقفز المسافر القادم من داخلها، وطلب العمدةَ تريفون بصوت آمر. كان العمدة الرفيع المكانة داخل المبنى الترفيهي، فقاده اثنان من الوجهاء من هناك باحترام وهما يُمسكانه من تحت إبطيه. ألقى الغريب عليه نظرة متوعِّدة، ثم أعطاه رسالة وأمره بقراءتها فورًا. كان من عادة عُمُد غوريوخينو ألَّا يقرؤوا بأنفسهم أيَّ شيء. العمدة كان أمِّيًا. لذا أرسلوا في طلب عضو المجلس أفدييه. وجدوه نائمًا في أحد الأزقَّة تحت السور، وجاؤوا به إلى الغريب. لكنَّ حروف الرسالة المكتوبة بخطٍّ واضح بدت له غائمة، إمَّا لأنَّه خاف حين اقتادوه فجأة،

وإمَّا بسبب إحساسه بمصيبة قادمة، فلم يستطع قراءتها. أجَّل الغريب، بعد أن أرسل العمدة تريفون وعضو المجلس أفدييه ليناما مشفوعين بأفظع اللعنات، قراءة الرسالة إلى الغد، ومضى إلى مبنى البلدية يتبعه اليهودي حاملًا حقيبة سيِّده الصغيرة.

كان الغوريوخينيون ينظرون صامتين دهِشين إلى هذا الحدث غير المألوف، لكنَّهم سرعان ما نسوا العربة واليهودي والغريب. انتهى اليوم في مرح وصخب، ونامت غوريوخينو من دون أن تشعر بما ينتظرها.

مع إشراق شمس الصباح، استيقظ الأهالي على قرع طاقات بيوتهم، ودعوتهم إلى الاجتماع. وشرع المواطنون يأتون واحدًا إثر آخر إلى فناء دار البلدية الذي يستخدم ساحة للاجتماع. كانت عيونهم عكرة ومحمرَّة، ووجوههم متورِّمة، يتثاءبون ويحكُّون رؤوسهم وهم ينظرون إلى الرجل ذي القبَّعة العالية والقفطان الأزرق العتيق الذي يقف منتفجًا على شرفة دار البلدية، ويحاولون تذكُّر ملامحه التي رأوها في زمن ما. وكان العمدة تريفون وعضو المجلس يقفان إلى جانبه حاسري الرأس، يعبِّر مظهرهما عن الخنوع والحزن العميق.

- «هل الجميع هنا؟»، سأل الغريب.
- «هل القوم كلُّهم هنا؟»، كرَّر العمدة السؤال.
- «القوم كلُّهم»، أجاب المواطنون.

عندها أعلن العمدة أنَّه تلقَّى من السيِّد النبيل وثيقة، وأمر عضو المجلس أن يقرأها على مسامع الجمع، فشرع أفدييه يقرأ الوثيقة بصوت عال. (ملاحظة: «نقلت هذه الوثيقة عن العمدة تريفون الذي كانت محفوظة عنده في صندوق مع وثائق أخرى بشأن ملكية غوريوخينو». فأنا لم أستطع العثور على الرسالة المثيرة للفضول).

تريفون إيفانوف!

ناقل هذه الرسالة موكل من قبلي بالسفر إلى بلدة غوريوخينو التي أملكها، وإدارتها. يجب عليك أن تجمع الرجال فور وصوله، وتبلغهم أمري

كمالك، وهو بالضبط: أن يطيع هؤلاء أوامر موكِّلي -- كما لو كانت أوامري الشخصية. وأن ينفِّذوا كلَّ ما يطلبه من دون اعتراض، وإلَّا حقَّ له أن يعاملهم بكلِّ الصرامة الممكنة. إنَّ ما أرغمني على ذلك هو عصيانهم الوقح، ونفاقك واحتيالك يا تريفون إيفانوف.

التوقيع NN

حينذاك وقف الوكيل مباعدًا ما بين ساقيه كالحرف x وواضعًا يديه على خاصرتيه كالحرف ф، وألقى الكلمة الموجزة المعبِّرة التالية:

- انتبهوا! لا تتذاكوا كثيرًا، أنا أعرف أنَّكم قوم مائعون، وأنا سأطرد الوهم من رؤوسكم، إن شاء الله، قبل طرد سكرة الأمس منها.

طارت السكرة من كلِّ الرؤوس. وتفرَّق الغوريوخينيون كمن صعقه البرق، إلى منازلهم وقد تهدَّلت أنوفهم، خائفين.

إدارة الوكيل --

تسلَّم -- الإدارة وبدأ في تنفيذ سياسته التي تستحقُّ دراسة خاصَّة. كان أساس هذه السياسة البديهية التالية: كلَّما ازداد الرجل ثراء، ازداد طمعًا، وكلَّما ازداد فقرًا، ازداد خضوعًا. وفقًا لذلك حرصَ الوكيل على خضوع الأهالي بوصفه الفضيلة الفلَّاحية الأساسية، وطالب بتصنيف الفلَّاحين، وتقسيمهم إلى أغنياء وفقراء. 1- قسَّم ديونَ القرية على الأغنياء، وفرض تحصيلها منهم بكلِّ الصرامة الممكنة. 2- كلَّف الفقراء ومحبِّي البطالة والتسكُّع بالفِلاحة، وكان إذا رأى أنَّ شغلهم قليل، يرسلهم أقنانًا للعمل عند فلَّاحين آخرين، فيدفع له مستأجروهم المال طوعًا لقاء ذلك، أمَّا المرسلون للقنانة فلهم كامل الحقِّ في شراء أنفسهم بدفع ضريبة سنويَّة مضاعفة بالإضافة إلى تسديدهم حصَّتهم من الدَّين. كانت الغرامات الجماعية كلُّها تقع على كاهل الفلَّاحين الأغنياء. وكان السَوق إلى الخدمة العسكرية كسبًا عظيمًا للحاكم الجشع، لأنَّ الفلَّاحين الأثرياء كلَّهم يشترون منه أنفسهم فردًا، فردًا، إلى أن يقع الاختيار أخيرًا على مرذول أو فقير

مفلس[1]. ألغى اجتماعات الأهالي. وراح يجمع الضريبة في دفعات صغيرة، ولكن على مدار العام. وفرض - إضافة إلى ذلك - ضرائب استثنائية. لم يكن ما يدفعه الفلَّاحون أكبر بكثير ممَّا كانوا يدفعونه من قبل، لكنَّهم لم يكونوا قادرين على توفير ما يكفي من النقود، أو تسديد الضرائب بالعمل. فصارت غوريوخينو بلدة فقيرة تمامًا في ثلاث سنوات.

اكتأبت غوريوخينو، وأقفر بازارها، وصمتت أغاني أرخيب الأصلع. وتفرَّق الشباب؛ نصف الرجال راح يعمل في الفِلاحة، أمَّا النصف الآخر فتحوَّل إلى أقنان، ولم يعد عيد الكنيسة يوم بهجة وصخب، بل تحوَّل، بحسب تعبير أحد مدوِّني اليوميَّات، إلى ذكرى سنويَّة للحزن والشقاء.

---

(1) هذا العجوز الملعون سجن أنطون تيموفييف وراء القضبان إلى أن اشترى تيموفييف العجوز ابنه منه بمئة روبل، ووضع في القيد بيتروشكا يريمييف، فاشتراه أبوه بثمانية وستِّين روبلًا، وأراد اللعين أن يسجن ليخاتاراسيف ولكنَّ هذا هرب إلى الغابة، فراح الوكيل يتهدَّده ويتوعَّده بأفظع الكلام، أمَّا فانكا السكِّير فاقتادوه إلى المدينة وسلَّموه للتجنيد (إخباريَّة من فلَّاحي غوريوخينو).

روسلافليف

كتب بوشكين هذا العمل عام 1831، وموضوعه «الوطنية الحقَّة»، مناقضًا بذلك الشوفينية التي كتب بها م. ن. زاغوسكين روايته التي تحمل العنوان نفسه، والصادرة في عام 1831 أيضًا.

كتب زاغوسكين روايته عن أحداث حقيقية، وقد نبَّه القارئ لذلك في مقدِّمة عمله، فاستغلَّ بوشكين ذلك، متظاهرًا بأنَّه يصحِّح الأحداث التي رواها زاغوسكين، لكنَّه، في الحقيقة، غيَّر الموقف تمامًا، وكذلك غيَّر طبائع الشخصيات التي كانت شاحبة للغاية في رواية زاغوسكين.

أدهشني، وأنا أقرأ قصَّة «روسلافليف»، أنَّ الحلَّ فيها مبنيٌّ على حدث حقيقي أعرفه جيِّدًا، فقد كنت ذات يوم صديقة للمرأة الشقيَّة، التي اختارها السيد زاغوسكين بطلة لقصَّته. لقد لفت انتباه الجمهور مجدَّدًا لحدث منسي، وأيقظ مشاعر الغضب التي نوَّمها الزمن، وعكَّر سكينة القبر. أنا سأكون مدافعة عن مجرَّد طيف، والقارئ سيغفر لي ضعف ريشتي، مقدِّرًا دوافعي المخلصة، وسأكون مضطرَّة إلى أن أقول الكثير عن نفسي، لأنَّ قدري ارتبط طويلًا بمصير صديقتي المسكينة.

المرَّة الأولى التي اصطحبني فيها أهلي إلى حفلات النبلاء كانت في شتاء عام 1811. لن أصف انطباعاتي الأولى، فمن السهل أن يتخيَّل المرء ما يمكن أن تشعر به فتاة في السادسة عشرة، استبدلت بصالات الدرس والمعلِّمين، حفلات الرقص المتواصلة. لقد استسلمت لإعصار المرح بكلِّ حيويَّة سنوات عمري، ولم أفكِّر آنذاك - ويا للأسف - أنَّ ذلك الزمن كان يستحقُّ التأمُّل.

تميَّزتُ بين الفتيات اللواتي رافقنني، وسرعان ما نشأت بيني وبين الأميرة الشابَّة (السيِّد زاغوسكين سمَّاها بولينا وأنا سأُبقي لها هذا الاسم) صداقة كان سببها ما يلي:

كان أخي شابًّا في الثانية والعشرين من عمره، ينتمي إلى فئة الشباب العابثين المرموقين آنذاك. كان عضوًا في زمالة أجنبية، وعاش في موسكو حياة رقص ولهو. أُغرم ببولينا، وطلب منِّي أن أقرِّب بين أسرتينا. أخي كان معبود أسرتنا كلِّها، وكان بمقدوره أن يجعلني أفعل ما يشاء.

تقرَّبت إلى بولينا إرضاء له، لكنِّي، سرعان ما تعلَّقت بها بصدق. لقد كانت تتَّسم بالكثير من الغرابة، وفيها من الجاذبية ما هو أكثر من ذلك. أحببتها حتى قبل أن أفهمها. وصرت، من دون أن أشعر، أنظر إلى الأمور بعينيها، وأفكِّر كما تفكِّر.

والد بولينا رجلٌ محترمٌ، أي أنَّه كان يحمل مفتاحًا ونجمة[1]، وهو بالمناسبة، متقلِّب المزاج، وبسيطٌ. أمَّا أمُّها فهي على العكس منه، امرأة رزينة تُوحي بالأهمِّية وتتميَّز بالتفكير السليم.

بولينا كانت تحضر الحفلات محاطةً بالمعجبين الذين كانوا يلاطفونها، غير أنَّها كانت تشعر بالضجر، فيسبغ عليها الضجر شيئًا من التعالي والبرود، وذلك مناسبٌ جدًّا لوجهها الإغريقي وحاجبيها الأسودين. وقد كنت أشعر بالفخار والظفر حين تجعل ملاحظاتي الساخرةُ هذا الوجه المثالي الضجر يبتسم.

قرأت بولينا كتبًا كثيرة لا على التعيين. مفتاح مكتبة أبيها كان معها. ومعظم ما ضمَّته من الكتب هو مؤلَّفات كتَّاب من القرن الثامن عشر. قرأت الأدب الفرنسي من مونتيسكيو إلى روايات كريبيليون، وحفظت روسو عن ظهر قلب. لم يكن في المكتبة أي كتاب روسي، ما عدا كتب سوماروكوف، التي لم تفتحها أبدًا. كانت تقول لي إنَّها تجد صعوبة في قراءة المطبوعات الروسية، وأنا أرجِّح أنَّها لم تقرأ شيئًا باللغة الروسية، بما في ذلك تلك الأشعار التافهة التي كان ناظمو الشعر الموسكوفيون يهدونها إيَّاها.

سأسمح لنفسي هنا بالخروج قليلًا عن الموضوع. ها قد مضى، والحمد لله، ما يقارب الثلاثين عامًا، وهم يوبِّخوننا، نحن المساكين، لأنَّنا لا نقرأ الكتب الروسية، ولا نعرف (بحسب زعمهم) كيف نعبِّر عن أنفسنا بلغتنا القومية. (ملاحظة: من الإثم أن نكرِّر هذه الاتهامات المبتذلة بحقِّ الكاتب «يوري ميلاسلافسكي»، لقد قرأناه جميعًا، وأظنُّه مدينًا لواحدة منَّا بترجمة روايته إلى اللغة الفرنسية). نحن، في حقيقة الأمر، يُبهجنا أن نقرأ الكتب الروسية، لكنَّ أدبنا، كما يبدو لي، لم يبدأ قبل لومونوسوف، وهو لا يزال محدودًا جدًّا. إنَّه يقدِّم لنا، طبعًا، عدَّة شعراء ممتازين، ولكنَّنا لا نستطيع أن نطالب جميع القراء بحبِّ

---

(1) المفتاح علامة على رتبة في البلاط، والنجمة علامة على حيازته وسامًا من الدرجة الأولى.

فائق للشعر. وليس لدينا من الكتابات النثرية غير «تاريخ» كارامزين. الروايتان أو الثلاث روايات الأولى، ظهرت قبل عامين أو ثلاثة أعوام، في حين أنَّ كتبًا - كلَّ كتاب منها أفضل من سابقه - تصدر تباعًا في فرنسا وإنجلترا وألمانيا، أمّا نحن فلا نجد حتى ترجمات لها. ولكنِّي، حتى لو وجدت، أفضِّل قراءة الأصل، ورجائي أن تغفروا لي ذلك. مجلَّاتنا ليست مسلِّية إلَّا لأدبائنا. ونحن مضطرُّون إلى أخذ كلِّ المعلومات والمفاهيم من الكتب الأجنبية، وهذا ما يجعلنا نفكِّر بلغة أجنبية (هذه، على الأقل، حال كلِّ أولئك الذين يفكِّرون ويتتبَّعون أفكار الجنس البشري). هذا ما اعترف لي به أشهر أدبائنا. إنَّ شكاوى كتَّابنا الدائمة من إهمالنا للكتب الروسية تُشبه شكاوى البائعات الروسيات الغاضبات من شرائنا لقبَّعاتنا من مخازن سيهلير، بدلًا من الاكتفاء بإبداعات مصمِّمات الأزياء في كوستروما. أعود الآن إلى موضوعي...

الذكريات التي تخلِّفها حياة المجتمع الراقي تكون، عادة، ضعيفة وتافهة، حتى في مرحلة تاريخية هامَّة. ولكنَّ ظهور سيِّدة رحَّالة في موسكو ترك في نفسي انطباعًا عميقًا. إنَّها Mme de Staël[1]. قدمت هذه السيِّدة في الصيف، حين تفرَّق القسم الأعظم من سكَّان موسكو في الأرياف. دبَّت الحركة في كرم الضيافة الروسي، وحار الناس في كيفية استقبال الأجنبية الشهيرة. أقاموا لها مآدب غداء طبعًا. واجتمع الرجال والنساء لرؤيتها، فلم يُسرَّ القسم الأعظم بذلك. فقد رأوا فيها امرأة خمسينية بدينة ترتدي ملابس لا تناسب سنَّها. لم يُعجبوا بلهجتها، وبدت لهم أحاديثها طويلة جدًّا، وأكمام قمصانها قصيرة جدًّا. والد بولينا، الذي كان قد عرف Mme de Staël من قبل في باريس، أقام على شرفها مأدبة غداء دعا إليها كلَّ جماعتنا المتذاكين الموسكوفيين. التقيت هناك مؤلِّفة كتاب «كورينا». كانت تجلس في صدر المائدة، تلفُّ وتفرد بأصابعها الجميلة لفافة من الأوراق، وقد بدا أنَّها في مزاج سيىء، فقد حاولت عدَّة مرَّات

---

(1) السيِّدة دي ستال.

أن تتحدَّث، ولكنَّها عجزت عن الانطلاق في حديثها. أذكياؤنا أكلوا وشربوا ما وسعهم، وبدا أنَّهم مهتمُّون بحساء السمك الذي قدَّمه الأمير اهتمامًا يفوق كثيرًا اهتمامهم بالحديث مع Mme de Staël. السيِّدات حافظن على الصمت. بعضهن خرقن الصمت مرَّات قليلة، مقتنعات بتفاهة أفكارهنَّ، ومتهيِّبات في حضرة الأوروبية المرموقة. ظلَّت بولينا طول فترة الغداء كمن يجلس على الإبر. وتوزَّع اهتمام الضيوف بين سمك الأوسترينا وMme de Staël. كانوا ينتظرون منها في كلِّ لحظة bon mot[1]، وأخيرًا أفلتت منها عبارة مزدوجة المعنى، بل جريئة جرأة شديدة. تلقَّف الجميع عبارتها، وقهقهوا ضاحكين، وسرت همسات الدهشة بينهم، وشعر الأمير بفرحة طاغية. نظرتُ إلى بولينا. كان وجهها متوهِّجًا، والدموع ظاهرة في عينيها. نهض الضيوف عن المائدة وهم راضون تمام الرضا عن Mme de Staël، وانطلقوا ينشرون نكتتها الجريئة في أنحاء المدينة.

- «ماذا أصابك ma chère[2]؟»، سألتُ بولينا، «أيعقل أن تكون نكتة جريئة إلى حدٍّ ما قد عكَّرت مزاجك إلى هذه الدرجة؟».

- «آه يا عزيزتي!»، أجابت بولينا، «أنا يائسة! لشدَّ ما بدا مجتمعنا الراقي تافهًا في نظر هذه المرأة الخارقة! لقد اعتادت أن تكون محاطة بأناس يفهمونها، أناس لا تفوتهم أبدًا الملاحظة الذكية، ونبضة القلب القوية، والكلمة الملهمة. اعتادت الحديث الجذَّاب مع النخبة الثقافية. ولكن، هنا... يا إلهي! ما من فكرة واحدة، ما من كلمة واحدة لافتة طول ثلاث ساعات! وجوه غبية، انتفاج غبي، ولا شيء غير ذلك! كم أشعرها ذلك بالضجر! وكم أرهقها الملل من ذلك كلِّه! لقد رأت ما الذي يريده قرود الثقافة هؤلاء، وما الذي يستطيعون فهمه، فرمت إليهم بنكتتها، فهرعوا يتلقَّفونها! التهبتُ خجلًا، وكدت أبكي... ولكن،

---

(1) نكتة لاذعة.

(2) عزيزتي.

دعيها»... تابعت بولينا بحرارة، «دعيها تأخذ عن عوام مجتمعنا الراقي الصورة التي تليق بهم. إنَّها على الأقل، رأت شعبنا البسيط الطيِّب، وهي تفهمه، أنت سمعت ما قالته لذلك العجوز السمج حين أقدم على السخرية من اللحى الروسية إرضاء لها: 'إنَّ الشعب الذي حمى لحيته في المئة عام الماضية، يستطيع أن يحمي رأسه في عصرنا'. ما ألطفها! ما أشدَّ حبِّي لها! وما أشدَّ كرهي لمضطهدها!».

لم أكن الوحيدة التي لاحظت استياء بولينا. عينان نفَّاذتان أخريان كانتا تتأمَّلانها في اللحظة ذاتها، إنَّهما عينا Mme de Staël نفسها. لست أدري بماذا كانت تفكِّر، ولكنَّها كانت الوحيدة التي اقتربت من صديقتي بعد الغداء، وتحادثت معها مطوَّلًا. وبعد بضعة أيَّام كتبتْ لها Mme de Staël الرسالة القصيرة التالية:

Ma chère enfant, je suis toute malade. Il serait bien amiable à vous de venir me ranimer. Tâchez de l'obtenir de m-me votre mère et veuillez lui présenter les respects de votre amie de S.[1]

أنا أحتفظ بهذه الرسالة. بولينا لم تحدِّثني في أيِّ يوم من الأيَّام عن علاقاتها بـ Mme de Staël، على الرغم من فضولي كلِّه. لقد كانت مأخوذة بهذه المرأة الماجدة، المتواضعة بقدر ما هي عبقرية.

ما أعجب ما توصِل إليه العبارات الحاقدة! منذ زمن غير بعيد تحدَّثت عن ذلك كلِّه في جماعة محترمة جدًّا.

- «قد لا تكون Mme de Staël سوى جاسوسة لنابليون»، قالوا لي، «تزوِّدها الأميرة الشابَّة بالمعلومات اللازمة».

---

(1) بُنيَّتي الغالية، أنا مريضة جدًّا. سيكون لطفًا كبيرًا منك أن تزوريني فتبعثي فيَّ الحيويَّة. حاولي أن تحصلي على إذن بذلك من أمِّك، وتكرَّمي بإبلاغها تحيَّة واحترام صديقتك.

- «رحماكم!»، قلت لهم، «كيف يمكن أن تكون Mme de Staël التي يطاردها نابليون عشر سنوات، المرأة الطيِّبة التي هربت مُكرهة لتحتمي بالإمبراطور الروسي، Mme de Staël صديقة شاتوبريان وبايرون، جاسوسة لنابليون!».
- «هذا ممكن جدًّا، جدًّا»، قالت الأميرة ذات الأنف الحادِّ معترضة على كلامي، «لقد كان نابليون شيطانًا كبيرًا، وMme de Staël امرأة رقيقة جدًّا!».

الجميع كان يتكلَّم عن الحرب القريبة الوقوع باستخفاف كبير، على ما أذكر. وكان تقليد اللهجة الفرنسية في زمن لودفيغ الخامس عشر دارجًا آنذاك. وبدا حبُّ الوطن التزامًا صارمًا بالأمور الشكلية. صار المتذاكون عندنا يمجِّدون نابليون بهوس وتعصُّب، ويسخرون من إخفاقاتنا. أمَّا المدافعون عن الوطن فكانوا لسوء الحظِّ بلهاء إلى حدٍّ ما، لذا كانت السخرية منهم أمرًا مسلِّيًا، ولم يكن لهم أيُّ تأثير- فقد اقتصرت وطنيَّتهم على تسفيه استخدام اللغة الفرنسية في الدوائر الاجتماعية الراقية بعبارات قاسية، وتسفيه إدخال الكلمات الأجنبية إلى اللغة الروسية، وترويج الاتهامات الرهيبة بحقِّ «جسر كوزنيتسكي»، وما شابه ذلك. وراح الشباب يتكلَّمون عن كلِّ ما هو روسي باحتقار، أو من دون مبالاة، ويتنبَّؤون لروسيا مازحين بمصيرٍ كمصير اتِّحاد جمهوريات الراين. باختصار: كان المجتمع مقرفًا جدًّا.

فاجأنا خبر الغزو ونداء القيصر، فأذهلنا. اهتاجت موسكو. وظهرت مناشير الأمير راستوبتشين الشعبية، وتصلَّب المزاج الشعبي. همد ثرثارو المجتمع الراقي، وانتفضت السيِّدات، وتفوَّق مناهضو اللغة الفرنسية و«جسر كوزنيتسكي» تفوُّقًا حاسمًا في الحلقات الاجتماعية، وامتلأت صالات الاستقبال بالوطنيين: بعضهم أفرغ علبته من التبغ الفرنسي، وصار ينشق التبغ الروسي، وبعضهم أحرق عشرات الكتيِّبات الفرنسية، بعضهم تخلَّى عن النبيذ الفرنسي وتحوَّل إلى تناول حساء الملفوف المحمَّض. الجميع امتنع عن التكلُّم بالفرنسية، جميعهم

بدؤوا يتكلَّمون بصوت عالٍ عن بوجارسكي ومينين، وصاروا يدعون إلى الحرب الشعبية، وهم يتهيَّؤون للجوء فترة طويلة إلى أرياف ساراتوف.

لم تستطع بولينا إخفاء احتقارها، كما عجزت من قبل عن إخفاء غضبها. استنفد هذا التحوُّل المنافق الجبان صبرها. صارت، في البولفار، عند أحواض بريسنيا المائية، تتكلَّم باللغة الفرنسية عمدًا، وراحت، على المائدة، وبحضور الخدم، تشكِّك عمدًا في صدق تباهي الحاضرين بوطنيتهم، وتتحدَّث عمدًا عن الأعداد الكبيرة في قوَّات نابليون، وعن عبقريَّته العسكرية. شحبت وجوه الحاضرين خوفًا من الوشاية، وسارعوا إلى اتِّهامها بالانحياز إلى عدوِّ الوطن.

أمَّا هي فابتسمت بازدراء وقالت:

- ليُحَبِّب الله جميع الروس بوطنهم كما أحبُّه.

أدهشتني، فقد عرفتها دائمًا فتاة متواضعة، صموتة، ولم أفهم من أين أتتها هذه الشجاعة.

- «اعذريني»، قلتُ لها ذات يوم، «لا حاجة لك في التدخُّل في أمور لا تخصُّنا. دعي الرجال يتشاجرون، ويتصايحون في السياسة. النساء لا يذهبن إلى الحرب، ولا شأن لهنَّ ببونابرت».

- «اخجلي!»، قالت لي وقد التمعتْ عيناها، «أليس الوطن للنساء؟ أليس لهنَّ آباء وإخوة وأزواج؟ ألا يجري الدم الروسي في عروقنا؟ أم أنَّك تعتقدين أنَّنا وُلدنا فقط من أجل أن يقودونا في حفلات الرقص، ويرغمونا على تطريز صور الجراء بخيوط الكانفا في البيت؟ لا، أنا أعرف التأثير الذي يمكن أن يكون للمرأة في رأي المجتمع، أو حتى في قلب رجل واحد على الأقل. أنا لا اعترف بالإذلال الذي يفرضونه علينا. انظري إلى Mme de Staël! لقد حاربها نابليون كما يحارب قوَّة معادية... ومع ذلك، يجرؤ عجوز على السخرية من خوفها من اقتراب الجيش الفرنسي بالقول: 'اطمئنِّي يا سيِّدتي، نابليون يحارب ضدَّ روسيا وليس ضدَّك'... هكذا إذن! لو أنَّ ذلك العجوز وقع في

قبضة الفرنسيين لتركوه يتنزَّه في باليه رويال، لكن لو حدث ذلك لـ Mme de Staël لماتت في سجون الدولة. وماذا عن شارلوتا كورديه؟ وبنت بلدنا مارفا بوسادنيتسا؟ والأميرة داشكوفا؟ هل أنا أقلُّ منهنَّ؟ أنا، بالتأكيد، لا أقِلُّ عنهنَّ شجاعة روح، وحزمًا».

كنتُ أصغي إلى بولينا ذاهلة. لم ألحظ يومًا أنَّها تختزن هذه الحرارة كلَّها، وكلَّ هذا الاعتداد بالنفس. أوه! إلامَ كانت تقودها سمات روحها الفذَّة، وبسالة عقلها السامية؟ لقد صدق كاتبي المحبوب حين قال: «Il n'est de bonheur que dans les voies communes»[1].

عمَّق حضور القيصر الهياجَ العامَّ. وتملَّكتنا الحماسة الوطنية، مشاعر المجتمع الراقي أخيرًا، وتحوَّلت صالات الاستقبال إلى منتديات للنقاش. كان الناس يتكلَّمون في كلِّ مكان عن التضحيات الوطنية، ويكرِّرون الخطاب الخالد، خطاب الشابِّ مامونوف الذي تبرَّع بأملاكه كلِّها. وقد لاحظت بعض الأمَّهات بعد ذلك، أنَّ الأمير لم يعد عريسًا يطمعن بمصاهرته، غير أنَّنا كنَّا جميعًا معجبات به. كانت بولينا تهذي باسمه.

- «وأنت، بماذا ستتبرَّع؟»، سألَتْ ذات مرَّة أخي.
- «أنا ما زلت لا أملك حقَّ التصرُّف بأملاكي»، أجاب فتاي المدلَّل، «كلُّ ما أملكه دَين قدره 30000 أقدِّمها أضحية على مذبح الوطن».

غضبت بولينا وقالت:

- الشرف والوطن تفاهات في نظر بعض الناس. إخوانهم يموتون في ساحة المعركة، أمَّا هم فيتساخفون في الصالونات. لست أدري إن كانت هناك امرأة منحطَّة إلى حدٍّ يجعلها تسمح لهؤلاء العابثين بالتظاهر أمامها بالحبِّ.

---

(1) «لا يمكن أن تجد السعادة إلاَّ على الدروب التي مهَّدتها الأقدام».
قد تكون هذه العبارة لشاتوبريان (بوشكين).

اشتعل أخي غضبًا.

- «أنت تبالغين في التطلُّب أيَّتها الأميرة»، قال معترضًا، «أنت تطالبين الجميع بأن يروا فيك Mme de Staël، ويردِّدوا أمامك المقاطع الطوال من رواية 'كورينا'. اعلمي أنَّ من يمازح المرأة، يستطيع ألَّا يمزح تجاه الوطن وأعدائه».

قال ذلك وأدار لها ظهره، فظننت أنَّهما تخاصما إلى الأبد، ولكنِّي كنت مخطئة: لقد أعجبت بولينا بجرأة أخي، وغفرت له مزاحه الذي لم يكن في محلِّه ردًّا على فورة غضبها النبيلة، وحين علمَت بعد أسبوع أنَّه انتسب إلى فوج مامونوف، طلبت، هي نفسها، أن أسعى للصلح بينهما. فرح أخي فرحًا عظيمًا، وعرض عليها الزواج فورًا. وافقت، ولكنَّها طلبت تأجيل الزفاف إلى أن تنتهي الحرب. وفي اليوم التالي التحق أخي بالجيش.

سار نابليون نحو موسكو، وتراجعت قوَّاتنا. اضطربت موسكو، وراح سكَّانها يرحلون واحدًا بعد آخر. وأقنع الأمير والأميرة أمِّي بالسفر معهما إلى مزرعتهما في قرية ---.

وصلنا إلى --، وهي بلدة كبيرة تبعد نحو عشرين فرسخًا عن مركز المقاطعة. كان حولنا الكثير من الجيران، معظمهم من أهالي موسكو. وكنَّا نلتقي كلَّ يوم تقريبًا، فبدت حياتنا في الريف شبيهة بحياتنا في المدينة. كانت الرسائل تصل من الجيش في كلِّ يوم تقريبًا، فتبحث العجائز على الخريطة عن مكان القوَّات، ويغضبن حين لا يجدنه. صارت السياسة شغل بولينا الوحيد، لم تفتح كتابًا، ولم تقرأ غير الصحف، ونشرات القائد العام لمدينة موسكو الأمير راستوبتشين. كانت محاطة بأناس محدودي الفهم، تسمع منهم آراء سخيفة وأخبارًا غير أساسية، فأوقعها ذلك في اكتئاب عميق، وتملَّك الإعياء روحها. يئست من إنقاذ الوطن، وبدا لها أنَّ روسيا تقترب سريعًا من السقوط، وصارت كلُّ نشرة عن الأعمال العسكرية تعمِّق يأسها، أمَّا تصريحات

راستوبتشين البوليسية فكانت تُخرجها عن طورها، فقد بدت لها اللهجة الساخرة لتلك التصريحات أمرًا خارجًا عن اللياقة، وأنَّ الإجراءات التي يتَّخذها الأمير بربرية لا تطاق. عجزت عن فهم فكرة ذلك العصر، العظيمة في رعبها، الفكرة التي أنقذ تنفيذها الجريء روسيا وحرَّر أوروبا. كانت تقضي ساعات طويلة مسندة رأسها إلى مرفقيها، تتأمَّل خارطة روسيا، تحسب الفراسخ، وتتبع الحركة السريعة للجيوش. أفكار غريبة كانت تخطر في بالها، فقد صرَّحت لي ذات مرَّة برغبتها في أن تغادر القرية، وتذهب إلى معسكر الفرنسيين، فتصل إلى نابليون وتقتله هناك بيديها. لم يكن صعبًا عليَّ أن أقنعها بأنَّ هذه الفكرة فكرة مجنونة. ولكنَّ التفكير بشارلوتا كورديه لم يفارقها.

لقد كان أبوها، كما تعلمون، رجلًا عابثًا إلى حدٍّ ما، لذا كان كلُّ همِّه أن يحيا في القرية حياة شبيهة قدر الإمكان بالحياة في موسكو. أقام ولائم الغداء، وأنشأ Théâtre de société[1] قدَّم على خشبته الـ proverbes[2] الفرنسية، وسعى إلى إمتاعنا بشتَّى الوسائل. وحين وصل إلى المدينة عدد من الضباط الأسرى، فرح الأمير بالقادمين الجدد وحصل على إذن من حاكم المقاطعة باستضافتهم عنده...

كان عددهم أربعة، ثلاثة منهم أناس لا يثيرون الاهتمام، شديدو التعصُّب لنابليون، كثيرو الصراخ إلى حدٍّ لا يطاق، تغفر لهم جروحهم البليغة تبجُّحهم. ولكنَّ الرابع كان لافتًا بشكل استثنائي. كان عمره آنذاك 26 عامًا. وهو سليل عائلة محترمة. وجهه مريح وذوقه رفيع. وقد ميَّزناه من الآخرين على الفور. كان يتقبَّل الرعاية بتواضع نبيل، كلامه قليل، ولكنَّ أحاديثه اتَّصفت بالعمق. أُعجبت به بولينا لأنَّه أوَّل من استطاع أن يفسِّر لها بوضوح العمليات العسكرية وتحرُّكات الجيوش. أشعرها بالاطمئنان حين أكَّد لها أنَّ انسحاب القوَّات

---

(1) مسرح هواة منزلي.

(2) الأمثال.

الروسية لم يكن فرارًا من دون معنى، وأنَّه عمل أقلق الفرنسيين كثيرًا، وصلَّب عزائم الروس.

- «ولكن»، سألته بولينا، «ألا تؤمن أنت باستحالة إلحاق الهزيمة بإمبراطوركم؟».

صمت سينيكور قليلًا (سأسَّميه بالاسم الذي أطلقه عليه السيِّد زاغوسكين) ثم أجاب بأنَّ الصراحة أمر صعب في مثل حالته. طالبته بولينا بإلحاح أن يجيب، فاعترف سينيكور بأنَّ اندفاع القوَّات الفرنسية في قلب روسيا يمكن أن يصبح خطرًا عليها، وأنَّ حملة عام 1812 قد انتهت على ما يبدو، ولكن من دون أن تحسم شيئًا.

- «تقول انتهت!»، اعترضت بولينا، «ونابليون لا يزال يتقدَّم، ونحن لا نزال نتراجع!».

- «هذا يزيد حالتنا سوءًا»، أجاب سينيكور، ثم تحوَّل إلى الحديث في موضوع آخر.

بولينا التي أضجرتها تنبُّؤات جيراننا الجبانة وانتفاجاتهم الغبية، استمعت بلهفة إلى تلك الآراء المبنية على أساس معرفة الأمر والحيادية. كنت أتسلَّم رسائل من أخي يستحيل أن تستخلص منها شيئًا ذا معنى. كانت كلُّها مملوءة بالنكات، الذكية منها والرديئة، وبالأسئلة عن بولينا، وتأكيد الحبِّ بعبارات مبتذلة، وما شابه ذلك. وكانت بولينا حين تقرأ ذلك تحزن وتهزُّ كتفيها.

- «اعترفي»، قالت لي، «أنَّ أخاك أليكسي إنسان فارغ تمامًا. تُرى كيف ستكون أحاديثي معه في مجرى الحياة العائلية الهادئة ما دام، حتى في هذه الظروف، وهو في ساح القتال، يجد الوقت لكتابة رسائل لا معنى لها؟».

لقد كانت مخطئة. فراغ رسائل أخي من المعنى لم ينشأ بسبب تفاهته، بل بسبب اعتقاد سائد هو الأكثر إذلالًا لنا: لقد كان أخي يعتقد أنَّ مخاطبة النساء يجب أن تكون مبنيَّة على أساس ضعف قدرتهنَّ على الفهم، وأنَّ الموضوعات

المهمَّة لا تعنينا. إنَّ هذا الرأي يعبِّر في أي بلد آخر غير بلدنا عن قلَّة الاحترام، ولكنَّه في بلدنا يعبِّر عن الغباء أيضًا. فما من شكٍّ في أنَّ النساء الروسيات أفضل ثقافة، وأكثر مطالعة، وأكثر تفكيرًا من الرجال المنشغلين بأمور لا يعلم ما هي إلَّا الله.

انتشر خبر معركة بورودينو على نطاق واسع، الجميع تحدَّث عنها، وكان كلٌّ منهم يزعم أنَّ لديه أصدق أخبارها، وكلٌّ منهم يزعم أنَّه يملك قائمة بأسماء القتلى والجرحى فيها. أخي لم يكتب شيئًا. أصابنا قلق شديد. وأخيرًا قدِم إلينا أحد مروِّجي شتَّى الأخبار، وأبلغنا أنَّ أخي وقع في الأسر، لكنَّه - في الوقت نفسه - أخبر بولينا همسًا بموته. حزنت بولينا حزنًا عميقًا. هي لم تكن تحبُّ أخي، وكانت تستاء منه في أحيان كثيرة، لكنَّها في تلك الدقيقة رأت فيه معذَّبًا، بطلًا، وبكته مخفية عنِّي سبب بكائها. لقد رأيتها عدَّة مرَّات والدموع في عينيها. لم يدهشني ذلك، فأنا أعرف مدى تألُّمها لمصير وطننا المعذَّب، ولم يخطر في بالي أنَّ ثمَّة سببًا آخر لحزنها.

كنت في صباح أحد الأيام، أتنزَّه في الحديقة، وسينيكور يمشي إلى جانبي. تكلَّمنا عن بولينا، فلاحظتُ أنَّه كان يشعر شعورًا عميقًا بصفاتها الاستثنائية، وأنَّ جمالها ترك في نفسه انطباعًا قويًّا. ألمحت له - وأنا أضحك - أنَّ وضعه رومانسي للغاية. ثمَّة فارس جريح في أسر العدوِّ، يقع في حبِّ مالكة القصر النبيلة، يتأثَّر قلبها بحبِّه، وأخيرًا يظفر بقبولها الزواج منه.

- «لا»، قال لي سينيكور، «الأميرة ترى فيَّ عدوًّا لروسيا وهي لن تقبل أبدًا بترك وطنها».

في هذه الدقيقة ظهرت بولينا في نهاية الدرب المشجر، فمضينا لملاقاتها. اقتربت منَّا بخطوات سريعة، فأذهلني شحوبها.

- «لقد استولوا على موسكو»، قالت لي من دون أن تجيب على تحيَّة سينيكور.

انقبض قلبي، وجرت دموعي بغزارة. ظلَّ سينيكور صامتًا، خافضًا بصره.

- «الفرنسيون النبلاء المتنوِّرون»، تابعت بولينا بصوت راجف غضبًا، «خلَّدوا نصرهم بشكل لائق. لقد أحرقوا موسكو. موسكو تحترق منذ يومين».

- «ماذا تقولين؟»، صرخ سينيكور، «هذا مستحيل!».

- «انتظر حتى الليل»، أجابته بجفاء، «فقد ترى وهج الحريق».

- «يا إلهي! لقد هلك»، قال سينيكور، «أتعجَّب، كيف لا تريان أنَّ حريق موسكو هو هلاك للقوَّات الفرنسية كلِّها، وأنَّ نابليون لن يجد مكانًا أو شيئًا يتمسَّك به، وأنَّه سيكون مضطرًّا إلى الانسحاب سريعًا عبر منطقة مدمَّرة خالية في ظروف اقتراب الشتاء، ومعه جيش مستاء، مكسور الخاطر! وكيف تعتقدان أنَّ الفرنسيين حفروا لأنفسهم جهنَّم بأيديهم! لا، لا، الروس، الروس أحرقوا موسكو. يا لها من عظمة روح بربرية! لقد حُسم كلُّ شيء الآن: وطنكما خرج من دائرة الخطر، لكن، ماذا سيحلُّ بنا، ماذا سيحلُّ بإمبراطورنا»...

تركنا ومضى. وبقينا، أنا وبولينا، ذاهلتين.

- «تُرى هل سينيكور مُحقٌّ؟»، قالت بولينا، «وهل حريق موسكو من صنع أيدينا؟ إذا كان الأمر كذلك... أوه، سأستطيع أن أفخر بكوني روسية! هذه التضحية العظمى ستذهل الكون! أنا الآن لا أخشى من الانهيار، لقد أنقذنا شرفنا، ولن تجرؤ أوروبا أبدًا على محاربة شعب يقطع يديه بنفسه ويحرق عاصمته».

كانت عيناها تلتمعان وصوتها يرنُّ بقوَّة. عانقتُها، وامتزجت دموعنا بالحماسة النبيلة والابتهالات الحارَّة إلى الربِّ كي يحمي الوطن.

- «ألا تعرفين؟»، قالت لي بولينا في لحظة إلهام، «أخوك... هو سعيد الآن، إنَّه ليس أسيرًا، افرحي، فقد قُتل وهو ينقذ روسيا».

صرخت، ووقعت في أحضانها مغشيًّا عليَّ...

بنت البستوني

> بنت البستوني تعني
> نيَّة الشرِّ الخفيَّة.
> من أحد كتب التنجيم

كتب بوشكين هذه القصَّة عام 1833. إنَّها من أكثر أعمال بوشكين كمالًا، وقد تركت أثرًا كبيرًا في الأدب الروسي اللاحق. وثمَّة أشياء كثيرة مشتركة بين قصيدة بوشكين «الفارس النحاسي» وبين هذه القصَّة، وذلك ليس فقط من حيث انتقاء البطل من أوساط النبلاء المفلِسين، وليس في كون البطلين يفغيني وغيرمان، مسحوقين بالحتمية التاريخية، ونظام الدولة، وإنَّما أيضًا في طريقة العرض، ففي «بنت البستوني» كما في «الفارس النحاسي» يتَّحد التصوير الواقعي بالشعرية السامية للتعميمات الفلسفية والسياسية الوطنية.

-1-

وفي الأيَّام الماطرة
كانوا يجتمعون
كثيرًا؛
يرفعون الرهان- ليغفر لهم الربُّ!-
من خمسين
إلى مئة
ويربحون،
ويدوِّنون
بالطباشير.
وهكذا، كانوا في الأيَّام الماطرة،
ينهمكون
في عمل حقيقي.

كانوا ذات يوم يلعبون الورق عند الضابط في حرس الفرسان ناروموف. انقضت الليلة الشتوية الطويلة من دون أن يلحظوا انقضاءها. جلسوا للعشاء في الخامسة صباحًا. أكل الرابحون بشهيَّة مفتوحة. أمَّا الآخرون فجلسوا شاردين أمام صحونهم الفارغة. لكن، حين ظهرت الشمبانيا انتعش الحديث، وشارك الجميع فيه.

- «ماذا فعلت يا سورين؟»، سأل صاحبُ البيت.
- خسرتُ، كالعادة. لا بدَّ من الاعتراف بأنِّي سيِّئ الحظِّ: ألعب بحذر، لا يستفزُّني شيء أبدًا، ولا يُخرجني عن طوري شيء، ومع ذلك أخسر دائمًا!

- ألم تقع ضحية الإغراء أحيانًا؟ ألم تقدم في مرة ما على المراهنة بكل رصيدك؟... إن صلابتك تدهشني.
- «ما أعجب أحوال غيرمان!»، قال أحد الضيوف وهو يشير إلى مهندس شابٍّ، «إنَّه لم يُمسك في حياته أوراق اللعب، ولم ينطق يومًا بكلمة رهان، ومع ذلك يظلُّ جالسًا معنا حتى الخامسة يراقب لعبنا!».
- «اللعب يشدُّني بقوَّة»، قال غيرمان، «لكنِّي لست في حال تسمح لي بالتضحية بما هو ضروري، أملًا في امتلاك ما هو فائض».
- «غيرمان ألماني؛ إنَّه دقيق في حساباته، وهذا كلُّ شيءٍ!»، لاحظ تومسكي، «أمَّا ذاك الذي لا أفهمه فهو جدَّتي الأميرة آنا فيدوتوفنا».
- «كيف؟ ماذا؟»، صاح الضيوف.
- «أنا لا أستطيع أن أفهم»، تابع تومسكي، «كيف أنَّ جدَّتي لا تزايد في الرهان!».
- «وما المدهش في أنَّ عجوزًا ثمانينية لا تزايد في الرهان؟»، قال ناروموف.
- يبدو أنَّك لا تعرف عنها شيئًا؟
- لا، في الحقيقة، لا شيء!
- أوخ، اسمع إذن: يجب أن تعرف أنَّ جدَّتي سافرت إلى باريس قبل ستِّين عامًا، كانت هناك مثلًا أعلى للموضة، وكان الناس يهرعون إلى حيث هي كي يروا La Vénus moscovite[1]، ريشيلييه حاول مغازلتها، وتؤكِّد جدَّتي أنَّه كاد ينتحر بسبب قسوتها.

كانت السيِّدات آنذاك يمارسن لعبة «الفرعون». وذات يوم خسرت جدتي في القصر مبلغًا كبيرًا جدًّا للأمير أورليان. وحين عادت إلى

---

(1) فينوس الموسكوفية.

البيت أخبرت جدِّي، وهي تنزع الشامات عن وجهها وتخلع تنُورتها الداخلية، بخسارتها، وأمرت بدفع المبلغ.

أذكر أنَّ المرحوم جدِّي كان مطيعًا لجدَّتي، ويخاف منها كما يخاف من النار، لكنَّه حين سمع بهذه الخسارة الفظيعة، خرج عن طوره، جاء بالحساب، وبرهن لها أن نفقاتهما في نصف عام بلغت نصف مليون، وأنَّهم لا يملكون في ضواحي باريس أو ضواحي موسكو أو قرى ساراتوف، ورفض أن يدفع المبلغ رفضًا قاطعًا. صفعته جدَّتي ونامت وحدها في السرير تعبيرًا عن عدم رضاها.

في اليوم التالي، أرسلت في طلب زوجها آملة أن تكون العقوبة المنزلية قد أثَّرت فيه، لكنَّها وجدته ثابتًا لا يتزحزح. وللمرَّة الأولى في حياتها وصلت معه إلى حدِّ المناقشة والشرح. حاولت أن تجعله يخجل، مبرهنة بتواضع أنَّ هناك فرقًا بين دَين ودَين، وأنَّ هناك فرقًا بين الأمير والمقامر. لا جدوى! فقد أعلن جدِّي تمرُّده. لا، ولا، فقط! وحارت جدَّتي فيما تفعل.

كانت لجدَّتي معرفة محدودة برجل رائع جدًّا. أنتم سمعتم بالأمير سان جيرمين، الذي يروون عنه الكثير من الروائع، فأنتم تعرفون ادِّعاءه بأنَّه اليهودي الأبدي، وأنَّه مخترع إكسير الحياة، وحجر الفلاسفة، وغير ذلك. لقد كانوا يسخرون منه بوصفه مشعوذًا، أمَّا كازانوفا فيقول في مذكَّراته إنَّه كان جاسوسًا. سان جيرمين، على كلِّ حال، وبغضِّ النظر عن غموضه، كان ذا مظهر محترم، ولطيفًا جدًّا في الصالونات الاجتماعية. جدَّتي ما زالت حتى اليوم تحبُّه حبًّا لا حدود له وتغضب إذا ذكره أحد بسوء. وكانت جدَّتي تعرف أنَّ سان جيرمين يملك مالًا وفيرًا، فقرَّرت اللجوء إليه، فكتبت له رسالة قصيرة تطلب فيها أن يأتي لزيارتها فورًا. حضر الأبله العجوز على الفور ووجدها تعاني حزنًا فظيعًا، صوَّرت له بأشدِّ الألوان قتامة بربرية زوجها، وقالت أخيرًا،

إنَّها تعلِّق آمالها كلَّها على صداقته ولطفه. فكَّر سان جيرمين مليًّا، ثم قال: 'أنا أستطيع أن أخدمكِ فأقدِّم لك هذا المبلغ، لكنِّي أعرف أنَّك لن تطمئني حتى تردِّيه، وأنا لا أريد إقحامك في متاعب جديدة. هناك وسيلة أخرى: أنت تستطيعين أن تستردِّي خسارتك'.

'لكنِّي، أيُّها الأمير اللطيف، أقول إنَّنا لا نملك نقودًا على الإطلاق'.

'النقود هنا لا لزوم لها'، قاطعها سان جيرمين، 'تكرَّمي واسمعيني فقط'. وكشف لها سرًّا يتمنَّى أيٌّ منَّا أن يدفع للحصول عليه أغلى الأثمان...

ضاعف المقامرون الشباب انتباههم، أمَّا تومسكي فسحب نفَسًا من غليونه، وتمطَّى ثم تابع:

- في ذلك المساء نفسه ذهبت جدَّتي إلى فيرساي، لـ Jeux De La[1] Reine، كان الأمير أورليان يوزِّع الورق. اعتذرت الجدَّة اعتذارًا لطيفًا، عن عدم إحضارها للمبلغ المدينة به، ناسجة في اعتذارها حكاية صغيرة، وجلست قبالته للمزايدة. انتقت ثلاث ورقات، ووضعتها واحدة بعد أخرى: ربحت الورقات الثلاث، واستردَّت الجدَّة خسارتها كاملة.

- «يا لها من مصادفة!»، قال أحد الضيوف.

- «خرافة!»، قال غيرمان.

- «لعلَّها ورقات مزيَّفة؟»، قال ثالث.

- «لا أظنُّ ذلك»، أجاب تومسكي بلهجة رزينة.

- «كيف!»، قال ناروموف، «عندك جدَّة تربح ثلاث ورقات متتالية، وأنت، حتى الآن، لم تأخذ عنها موهبتها هذه؟».

- «بل إنِّي لا أحلم بذلك!»، أجاب تومسكي، «لقد كان لجدَّتي أربعة

(1) لعبة قمار باسم «لعبة الملكة».

أبناء، بمن فيهم أبي، وكانوا جميعهم مقامرين مدمنين، لكنَّها لم تكشف سرَّها لأيٍّ منهم. مع أنَّ ذلك سينفعهم، وسيكون نافعًا حتى لي أنا أيضًا. سأروي لكم ما قاله لي عمِّي الأمير إيفان إيليتش، الذي أقسَم بشرفه على صدق ما قاله: المرحوم تشابليتسكي، ذلك الذي مات في فقر مدقع بعد أن بدَّد الملايين، خسر ذات مرَّة في شبابه، أذكر أنه خسر لزوريتش ما يقارب الثلاثمئة ألف، فأصابه اليأس، فأشفقت جدَّتي، التي كانت دائمًا صارمة في تعاملها مع استهتار الشباب، على تشابليتسكي، أعطته ثلاث ورقات كي يضعها واحدة بعد أخرى، وأخذت منه وعد شرف ألَّا يعود بعد ذلك إلى القمار أبدًا. راهن تشابليتسكي على الورقة الأولى بخمسين ألفًا، وربح الرهان، أعاد الكرَّة، استردَّ خسارته وربح المزيد أيضًا. والآن حان وقت النوم، إنَّها الساعة السادسة إلَّا ربعًا».

كان الفجر قد بزغ حقًّا، فشرب الفتيان ما تبقَّى في كؤوسهم ثم غادروا.

-2-

Il Parait que monsieur est décidément pour les suivantes.
-Que voulez-vous, madame? Elles sont plus fraîches.⁽¹⁾

من حديث في صالون اجتماعي

جلست الأميرة العجوز في غرفة زينتها أمام المرآة، تحيط بها ثلاث فتيات، واحدة تحمل علبة حُمرة صغيرة، وأخرى علبة ملاقط شعر، وثالثة قبّعة عالية تتدلَّى منها شرائط بلون النار. لم يكن لدى الأميرة أيُّ نصيب من الجمال الذي ذبل منذ زمن بعيد، لكنَّها ظلَّت تحافظ على عادات شبابها، وتتبع بصرامة موضة أعوام السبعينات، وتنفق وقتًا طويلًا على ارتداء ملابسها وتعتني بذلك كما كانت تفعل قبل ستّين عامًا. وجلست الآنسة ربيبتها تطرِّز بالسنَّارات قرب النافذة.

- «مرحبًا، grand-maman⁽²⁾»، قال ضابط شابٌّ وهو يدخل إلى الغرفة. «Bonjour, mademoiselle Lise⁽³⁾. جئت إليكِ بطلب يا grand-maman».

- ما هو يا Paul؟

- اسمحي لي أن أقدِّم إليك أحد زملائي، وآتي به إلى الحفل الراقص يوم الجمعة.

---

(1) يبدو لي أنَّكَ تفضِّل خادمات الغرف قطعًا. وماذا أفعل يا سيدتي؟ إنَّهن أكثر طراوةً.

(2) جدَّتي.

(3) طاب يومكِ يا آنسة ليزا.

- دعه يأتِ مباشرة إلى الحفل الراقص، وهناك تستطيع تقديمه إليّ. هل كنت البارحة عند --؟

- وكيف لا! لقد كان الجوُّ مرحًا جدًّا؛ رقصنا حتى الخامسة، آه، كم كانت يليتسكايا جميلة!

- إيه، يا صديقي اللطيف! ما الذي وجدته فيها جميلًا؟ تُرى هل كانت جدَّتها الأميرة داريا بتروفنا جميلة أيضًا؟ بالمناسبة، أظنُّ أنَّ الأميرة داريا بتروفنا صارت هرمة جدًّا، أليس كذلك؟

- «كيف صارت هرمة؟»، أجاب تومسكي حائرًا، «لقد ماتت قبل نحو سبع سنوات».

رفعت الآنسة رأسها وأرسلت إشارة إلى الشابِّ، ففهم أنَّهم يُخفون عن الأميرة العجوز أخبار موت من هم في مثل سنِّها، وعضَّ على شفته. لكنَّ الأميرة سمعت الخبر، الذي كان جديدًا بالنسبة إليها، من دون مبالاة كبيرة.

- «ماتت!»، قالت الأميرة، «وأنا لم أعرف بذلك! لقد عيَّنونا معًا وصيفَتين عند القيصرة، وحين قدَّمونا إليها قامت القيصرة»...

وراحت الأميرة للمرَّة المئة تروي لحفيدها نكتتها.

- «حسنًا، يا Paul»، قالت، «ساعدني الآن كي أقف. ليزانكا، أين علبة تبغي؟».

غادرت الأميرة برفقة وصيفاتها إلى ما وراء الستارة كي تُتمَّ زينتها، وبقي تومسكي والآنسة.

- «من ذاك الذي تريد تقديمه إليها؟»، سألت ليزافيتا إيفانوفنا بصوت منخفض.

- إنَّه ناروموف، هل تعرفينه؟

- لا، هل هو عسكري أم مدني؟

- عسكري.

- مهندس؟

- لا! إنه خيَّال. لماذا ظننتِ أنَّه مهندس؟

ضحكت الآنسة ولم تُجب.

- «Paul!»، صاحت الأميرة من وراء الستارة، «أرسل لي رواية ما، جديدة، لكن ليس من روايات هذه الأيَّام لو سمحت».
- وكيف ذلك يا grand-maman؟
- أعني: أرسل لي رواية لا يخنق فيها البطل أباه، أو أمَّه، ولا يكون فيها غرقى، أنا أخاف خوفًا فظيعًا من الغرقى!
- لا توجد روايات من هذا النوع الآن. ألا تريدين قراءة روايات روسية؟
- وهل هناك روايات روسية؟... أرسلها يا أبتِ، أرسلها من فضلك.
- عفوًا يا grand-maman أنا مستعجل... اعذريني يا ليزافيتا إيفانوفنا! لكن، لماذا ظننت ناروموف مهندسًا؟

قال تومسكي ذلك وخرج من غرفة الزينة.

بقيت ليزافيتا إيفانوفنا وحيدة في الغرفة. تركت التطريز وراحت تنظر عبر النافذة. وسرعان ما ظهر على أحد جانبي الطريق ضابط شابٌّ خرج من وراء بيت في نهاية الشارع، فاصطبغ خدَّاها بالحمرة. عادت إلى العمل وأحنت رأسها فوق قطعة الكانفا. وفي هذه الأثناء دخلت الأميرة بكامل زينتها.

- «مُريهم يا ليزانكا أن يسرجوا خيول العربة، وهيَّا نقُم بنزهة»، قالت الأميرة.

نهضت ليزانكا من وراء طاولة التطريز وشرعت تلملم أغراضها.

- «ما بالك يا ابنتي! هل أصابك الصمم!»، صاحت الأميرة، «مُريهم أن يجهِّزوا العربة بسرعة».
- «حالًا!»، أجابت الآنسة بصوت خافت، وهرعت نحو المدخل.

دخل الخادم فأعطى الأميرة كتبًا مرسلة من باول أليكسندروفيتش.

- «هذا جيِّد! اشكروه»، قالت، «ليزانكا، يا ليزانكا! أين ذهبت؟».
- ذهبت أرتدي ملابسي.

- تستطيعين تأجيل ذلك يا أمِّي. اجلسي هنا. افتحي الجزء الأوَّل، اقرئي بصوت عال...

أخذت الآنسة الكتاب وقرأت بضعة أسطر.

- «ارفعي صوتك!»، قالت الأميرة، «ماذا جرى لك يا أمِّي؟ هل اختفى صوتك! انتظري. قرِّبي لي هذه الطاولة الصغيرة، قرِّبيها أكثر... هه!».

ليزافيتا إيفانوفنا قرأت صفحتين أخريين، فتثاءبت الأميرة.

- «ارمي هذا الكتاب جانبًا، ما هذا الهراء!»، قالت الأميرة، «أعيديه إلى الأمير باول مشفوعًا بالشكر... لكن، ماذا عن العربة؟».

- «العربة جاهزة»، قالت ليزافيتا إيفانوفنا، وهي تنظر إلى الشارع.

- «لمَ لمْ ترتدي ملابسك حتى الآن؟»، سألتها، «أنت دائمًا تجعلينني أنتظرك! إنَّ هذا شيء لا يُحتمل يا أمِّي».

هرعت ليزا إلى غرفتها. ولم تمرَّ دقيقتان حتى بدأت الأميرة تدقُّ الجرس بأقوى ما تستطيع، فدخلت ثلاث فتيات من أحد البابين، ودخل موظَّف غرفة الملابس من الباب الآخر.

- «لماذا لا تردُّون على ندائي لكم؟»، قالت، «أبلغوا ليزافيتا إيفانوفنا أنِّي أنتظرها».

دخلت ليزافيتا إيفانوفنا مرتدية معطفًا وقبَّعة.

قالت الأميرة:

- «أخيرًا وصلتِ يا أمِّي!»، قالت الأميرة، «ما هذه الملابس! ما حاجتك لارتداء هذا؟ من ذا الذي ترغبين في إغرائه؟ ترى ما حال الطقس؟ يبدو أنَّه عاصف».

- «لا، أبدًا، يا صاحبة السناء! الجوُّ هادئ جدًّا!»، أجاب موظَّف غرفة الملابس.

- أنت دائمًا تقول ما يخطر في بالك من دون تدقيق! افتح طاقة التهوية. هذا ما خمَّنته: الجو عاصف! وبارد! أعيدوا العربة! ليزانكا، نحن لن نخرج للنزهة، وما كنت مضطرَّة إلى هذا التأنُّق.

قالت ليزافيتا إيفانوفنا في سرِّها: «هكذا هي حياتي!».

وفي واقع الأمر كانت ليزافيتا إيفانوفنا مخلوقًا تعيسًا. «خبز الغريب مرٌّ»، يقول دانتي، «وصعبة درجات مدخل منزل غريب»، ومن يستطيع أن يعرف مرارة التبعية أكثر من المسكينة ربيبة السيِّدة العجوز صاحبة المكانة والشهرة؟ الأميرة --- لم تكن، طبعًا، ذات نفسٍ شريرة، لكنَّها كانت صاحبة مزاج خاصٍّ، فهي، كامرأة دلَّلها المجتمع الراقي، بخيلة وغارقة في أنانية باردة، ككلِّ كبار السنِّ، الذين عرفوا الحبَّ فيما مضى وباتوا غرباء في حاضرهم. لقد شاركت في كلِّ صخب المجتمع الراقي، حضرت حفلات الرقص كلَّها، حيث كانت تجلس في الزاوية محمرَّة الخدود ترتدي ثيابًا قديمة الطراز، وكأنَّها زينة مشوَّهة وضرورية في قاعة الرقص، يقترب منها الضيوف القادمون فيحيُّونها بانحناءات كبيرة بحسب الطقوس المتَّبعة، ثم لا يتذكَّرها أحد بعد ذلك. كانت تستقبل المدينة كلَّها في بيتها، وتتقيَّد تقيُّدًا صارمًا بالإتيكيت من دون أن تتعرَّف عن كثب على أيِّ زائر. خدمها الكثيرون الذين ترهَّلوا وشابوا في صالوناتها وغرفها. كانوا يفعلون ما يشاؤون في أوقات فراغهم، ويسرقون ما يستطيعون من العجوز التي اقترب موتها. أمَّا ليزافيتا إيفانوفنا فكانت المعذَّبة في البيت. تصبُّ الشاي وتتلقَّى التوبيخ بسبب إسرافها في السكَّر، وتقرأ الروايات بصوت مسموع، متحمِّلة المسؤولية عن كلِّ أخطاء كاتب الرواية، وترافق الأميرة في نزهاتها، وهي مسؤولة عن الطقس وعن الطريق أيضًا. وقد حدَّدوا لها راتبًا لم يدفعوه لها كاملًا أبدًا، وكانوا - بالمناسبة - يطالبونها بأن ترتدي ملابس كملابس الجميع، أي كملابس عدد ضئيل من الناس. كانت تؤدِّي دورًا بائسًا للغاية في حفلات المجتمع. الجميع يعرفها ولكن لا أحد يلحظ وجودها. لم تكن ترقص في

الحفلات، إلَّا حين يكون هناك نقص في عدد أزواج الراقصين vis-à-vis[1]. وكانت السيِّدات يأخذنها لتساعدهنَّ في كلِّ مرَّة يحتجن فيها الذهاب إلى غرفة السيِّدات لإصلاح شيء ما في هندامهنَّ. كانت ليزافيتا إيفانوفنا معتدَّة بنفسها، تشعر بوضعها شعورًا قويًّا، تتلفَّت حولها منتظرة الخلاص منه بنفاد صبر. لكنَّ الشباب الانتهازيين المتعالين لم يكونوا يعيرونها اهتمامًا، رغم أنَّها ألطف مئة مرَّة من العرائس الباردات اللواتي كانوا يحومون حولهنَّ. فكانت في مرَّات كثيرة تترك صالة الاستقبال الفاخرة المضجرة وتذهب لتبكي في غرفتها الفقيرة التي ينتصب فيها حاجز نقَّال يغطِّيه ورق جدران، وخزانة صغيرة، ومرآة وسرير مدهون، وتشتعل فيها شمعة ضعيفة الإضاءة، على حامل نحاسي!

ذات يوم، كان هذا بعد مرور يومين على ذلك المساء الموصوف في بداية هذه القصَّة، وقبل أسبوع من المشهد الذي توقَّفنا عنده، كانت ليزافيتا إيفانوفنا جالسة قرب النافذة، إلى طاولة التطريز. نظرت مصادفة إلى الشارع فرأت مهندسًا شابًّا يقف ساكنًا وعيناه تنظران إلى نافذتها. أطرقت وانهمكت بعملها من جديد، وبعد خمس دقائق نظرت مجدَّدًا، المهندس الشاب ما زال يقف في المكان نفسه. ولمَّا لم تكن معتادة على مشاغلة المارَّة من الضبَّاط، كفَّت عن النظر إلى الشارع وانشغلت بالتطريز نحو ساعتين لم ترفع فيهما رأسها عن العمل. قدَّموا الغداء، فنهضت وراحت تجمع أدواتها، ونظرت مصادفة إلى الشارع، فرأت الضابط مجدَّدًا. وقد بدا لها ذلك غريبًا جدًّا. اقتربت من النافذة بعد الغداء شاعرة ببعض القلق، لكنَّ الضابط لم يكن موجودًا، ونسيت أمره بعده ذلك.

بعد نحو يومين، رأته مرَّة ثانية حين خرجت تستقلُّ العربة مع الأميرة. كان يقف عند المدخل تمامًا، مغطِّيًا وجهه بياقة من الفرو: عيناه السوداوان تبرقان تحت قبَّعته. خافت ليزافيتا إيفانوفنا من دون أن تعرف لخوفها سببًا، فجلست في العربة ينتابها قلق غامض.

---

(1) أزواج الراقصين.

حين عادت إلى المنزل، هرعت إلى النافذة، كان الضابط واقفًا في المكان نفسه، متَّجهًا إليها بعينيه: ابتعدت يعذِّبها الفضول ويُقلقها شعور، هو بالنسبة إليها، جديد تمامًا.

منذ ذلك الوقت لم يمرَّ يوم من دون أن يظهر فيه الشاب في ساعة معيَّنة، ويقف تحت نوافذ بيتهم، وهكذا قامت بينه وبينها علاقة غير مشروطة. كانت، وهي جالسة تعمل في مكانها، تشعر باقترابه، ترفع رأسها، تنظر إليه فترة راحت تطول وتطول يومًا بعد يوم. وبدا أنَّ الشابَّ كان ممتنًّا لها على ذلك. لقد رأت بنظرها الفتيِّ الحادِّ كيف كانت الحمرة تغطِّي بسرعة خدَّيه الشاحبين حين تلتقي نظراتهما. وبعد أسبوع ابتسمت له...

وحين طلب تومسكي من الأميرة السماح له بتقديم صديقه، خفق قلب البنت المسكينة. لكنَّها حين عرفت أن ناروموف ليس مهندسًا، بل من فرسان الحرس، ندمت، لأنَّها بسؤالها غير المتواضع فضحت سرَّها أمام تومسكي، الفتى العابث.

كان غيرمان ابن ألماني استوطن روسيا، وترك له رأس مال صغيرًا. ونظرًا لقناعة غيرمان الصلبة بضرورة تمتين استقلاليته، لم يلمس المبلغ، أو حتى فوائده، عاش على راتبه الذي لم يكن يسمح له بأيَّة نزوة مهما صغرت. وهو، بالمناسبة، كان كتومًا، معتدًّا بكرامته، ونادرًا ما كانت الفرصة تُتاح لزملائه للسخرية من حرصه الزائد. لقد كانت تتنازعه أهواء قويَّة وخيال جامح، لكنَّ الصلابة أنقذته من ضلالات الشباب المعتادة. فهو، مثلًا، كان مقامرًا بطبعه، لكنَّه لم يُمسك ورق اللعب بيديه أبدًا، لأنَّه كان يعتقد أنَّ ثروته لا تسمح له (على حدِّ تعبيره) بالتضحية بما هو ضروري، على أمل الفوز بما هو فائض، ومع ذلك كان يقضي ليالٍ كاملة جالسًا بالقرب من طاولات القمار يتابع بانفعال محموم شتَّى تقلُّبات اللعبة.

لقد أثَّرت نكتة الثلاث ورقات تأثيرًا كبيرًا على خياله، وظلَّت ليلة كاملة لا تفارق ذهنه.

«ماذا لو»، قال في سرِّه في مساء اليوم التالي وهو يتجوَّل في بيتربورغ، «ماذا لو كشفت لي الأميرة العجوز سرَّها! أو، حدَّدت لي هذه الورقات الرابحة بالتأكيد! لماذا لا أحاول أن أجرِّب حظِّي؟ أقدِّم نفسي إليها، وأطلب رحمتها، بل قد أصبح عشيقها، لكنَّ هذا كلَّه يتطلَّب وقتًا، وعمرها الآن سبعة وثمانون، وهي قد تموت بعد أسبوع، أو بعد يومين!... ثم هل يمكن أن يصدِّق المرء النكتة نفسها؟... هل يستطيع أن يؤمن بصحَّتها؟... لا! الحساب، والاعتدال، والعمل الدؤوب: هذه هي أوراقي الموثوقة، هذا ما يمكن أن يضاعف رأسمالي ثلاث بل سبع مرَّات، ويحقِّق لي الاطمئنان والاستقلال!».

وبينما كان يفكِّر في هذه الأمور وجد نفسه في واحد من شوارع بيتربورغ الرئيسية، أمام منزل من طراز معماري قديم. كان الشارع ممتلئًا بالعربات والمركبات التي تكرج واحدة إثر أخرى نحو المدخل المضاء. وكانت تطلُّ من العربات بين الفينة والأخرى ساق رشيقة لشابَّة حسناء تارة، وتارة تمتدُّ جزمة عالية الساق يرنُّ مهمازها، وتطلُّ، في تارة ثالثة ساق ترتدي جوربًا مقلَّمًا وحذاء ديبلوماسيًّا. وكانت معاطف الفراء والمعاطف المطرية تلتمع وهي تتجاوز الباب الضخم. توقَّف غيرمان. سأل الحارس المناوب عند الزاوية:

- بيت من هذا؟
- «إنَّه بيت الأميرة ---»، أجاب الحارس.

اضطرب غيرمان. وبرزت النكتة المدهشة من جديد في خياله. راح يمشي قرب البيت، وهو يفكِّر بصاحبته العجيبة، ثم عاد إلى مأواه الصغير المتواضع، وقد جافاه النوم طويلًا، وحين سيطر عليه حلم بالورقات الثلاث، والطاولة الخضراء، ورُزم الأسهم، وأكوام القطع النقدية من فئة العشرة روبلات. وضع الورقات واحدة بعد أخرى، وراهن بحزم، وربح باستمرار، لملم الذهب عن الطاولة وقرَّبه منه، ودسَّ الأسهم في جيوبه. استيقظ متأخِّرًا، فتنهَّد متحسِّرًا على فقدانه ثراءه الأسطوري. وذهب يتجوَّل من جديد في شوارع المدينة، فوجد نفسه مرَّة ثانية أمام منزل الأميرة --- وكأنَّ قوَّة خفيَّة قادته إلى ذلك البيت.

توقَّف، وراح يتأمَّل النوافذ، فرأى في إحداها رأس فتاة سوداء الشعر، منحنية إمَّا على كتاب تقرؤه، وإمَّا على عمل تقوم به. رفعت الفتاة رأسها فرأى غيرمان وجهًا نضرًا، وعينين سوداوين. فحدَّدت تلك اللحظة مصيره.

-3-

**Vous m'ércrivez, mon ange,
des lettres de quatre pages
plus vite que je ne puis les lire.**⁽¹⁾

من إحدى المراسلات

ما إن خلعت ليزافيتا إيفانوفنا معطفها وقبَّعتها حتى أرسلت الأميرة في طلبها وأمرت بتجهيز العربة، وذهبت الاثنتان لركوبها. وفي اللحظة التي حمل فيها خادمان العجوز ودسُّوها في العربة، رأت ليزافيتا إيفانوفنا الواقفة قرب الدولاب مهندسًا، أمسك يدها، وما كادت تفيق من دهشتها وخوفها، حتى اختفى الشابُّ تاركًا في يدها رسالة، أخفتها في قفَّازها، وظلَّت طول الطريق لا ترى، أو تسمع شيئًا. كان من عادة الأميرة أن تُكثر من طرح الأسئلة وهي في العربة: «من هذا الذي التقيناه؟ ما اسم هذا الجسر؟ ما المكتوب على هذه اللافتة؟». وكانت ليزافيتا إيفانوفنا تجيب في هذه المرَّة من دون تفكير، إجابات غير متعلِّقة بموضوع السؤال، وهذا أغضب الأميرة.

- «ماذا دهاك يا أمِّي!»، قالت الأميرة بدهشة، «هل تجمَّد عقلك؟ أنت إمَّا أنَّك لا تسمعينني، وإمَّا أنَّك لا تفهمين ما أقول؟ أمَّا أنا فما زال نُطقي سليمًا والحمد لله، ولمَّا أفقد عقلي!».

لم تسمعها ليزافيتا إيفانوفنا، التي هرعت إلى غرفتها فور عودتها إلى المنزل، فأخرجت الرسالة من قفَّازها: المغلَّف لم يكن مغلقًا. قرأت الرسالة،

---

(1) أنت تكتبين لي يا ملاكي رسالة من أربع صفحات بسرعة تفوق سرعة قراءتي لها.

كان فيها اعتراف بالحبِّ، رقيق، مهذَّب، ومنقول كلمة، كلمة من رواية ألمانية. لكنَّ ليزافيتا إيفانوفنا لا تعرف اللغة الألمانية، وكانت مسرورة جدًّا بالرسالة.

غير أنَّ الرسالة التي استلمتها أقلقتها قلقًا كبيرًا، فهي أدخلتها للمرَّة الأولى في علاقة سرِّية مع رجل شابٍّ، جرأته أخافتها. وقد لامت نفسها على سلوكها المتهوِّر ولم تعرف ماذا تفعل، هل تكفُّ عن الجلوس قرب النافذة، وتبرِّد رغبة الضابط الشابِّ في تتبُّعها لاحقًا؟ هل تُرسل إليه رسالة؟ هل تجيبه ببرود وحزم؟ لم يكن لديها مَن تستشيره، ليس عندها صديقات، أو نساء وصيَّات عليها، وهكذا قرَّرت ليزافيتا إيفانوفنا أن تردَّ على الرسالة.

جلست إلى طاولة المكتب، أخذت الريشة وورقة، وراحت تفكِّر. كتبت عدَّة مرَّات مطالع لرسالتها، ثم مزَّقت الورقة: تارة بدت لها التعابير متواضعة جدًّا، وتارة بدت قاسية. لكنَّها استطاعت، أخيرًا، كتابة عدَّة أسطر رأتها مُرضية:

أنا واثقة أنَّ نواياك نزيهة، فأنت لم تُرد إهانتي بسلوك متهوِّر؛ لكنَّ معرفتنا يجب ألَّا تبدأ بهذه الطريقة. ها أنا أعيد إليك رسالتك وآمل ألَّا يكون لديَّ في المستقبل سبب للشكوى من عدم احترام متعمَّد.

حين رأت ليزافيتا إيفانوفنا في اليوم التالي غيرمان يسير في الشارع، نهضت عن طاولة التطريز، وخرجت إلى القاعة. فتحت النافذة، ورمت الرسالة على الطريق معتمدة على دقَّة ملاحظة الضابط الشابِّ. أسرع غيرمان إلى الرسالة، رفعها ودخل إلى محلٍّ لبيع الحلويَّات. فضَّ الغلاف فوجد رسالته وجواب ليزافيتا إيفانوفنا. وذلك ما توقَّعه. عاد إلى البيت وقد انشغل تفكيره كثيرًا بمغامرته.

بعد ثلاثة أيَّام، حملت إلى ليزافيتا إيفانوفنا آنسةٌ شابَّة سريعة النظرات رسالة صغيرة من مخزن للأزياء. فتحت ليزافيتا إيفانوفنا الرسالة قلقة من أنَّها تحتوي مطلبًا ماليًّا. وفجأة عرفت خطَّ غيرمان.

- «أنت، يا روحي، مخطئة»، قالت لها، «هذه الرسالة ليست لي».
- «لا، إنَّها لكِ بالتأكيد!»، أجابت الفتاة الجريئة، من دون أن تخفي ابتسامة ذات مغزى، «اقرئيها لو سمحتِ!».

قرأت ليزافيتا إيفانوفنا الرسالة بسرعة، وفيها يطلب غيرمان موعدًا.

- «هذا مستحيل!»، قالت ليزافيتا إيفانوفنا التي أخافها تعجُّله في الطلب، والطريقة التي اتَّبعها في طلبه، «إنَّ هذه الرسالة مكتوبة لغيري حتمًا!».

ومزَّقت الرسالة قطعًا صغيرة.

- «لماذا مزَّقتِ الرسالة ما دامت ليست مرسلة لك؟»، قالت الآنسة، «لو كنت مكانك لأعدتها إلى من أرسلها».

- «من فضلك يا روحي!»، قالت ليزافيتا إيفانوفنا، وقد أثارتها ملاحظتها، «لا تحملي لي رسائل في المستقبل. أمَّا ذلك الذي أرسلك، فقولي له أنَّه يجب أن يخجل»...

لكنَّ غيرمان لم يتراجع. صارت ليزافيتا إيفانوفنا تتلقَّى منه في كلِّ يوم رسالة بهذه الطريقة أو تلك. لكنَّ الرسائل لم تكن مترجمة عن الألمانية، بل كتبها غيرمان بإلهام عاطفي، وتكلَّم بلغته هو، فجاءت الرسائل معبِّرة عن رغبة صلبة، وفوضى خيال جامح. ولم تعد ليزافيتا إيفانوفنا تفكِّر في إعادتها: كانت رسائلها أطول وألطف. وأخيرًا رمت له عبر النافذة الرسالة التالية:

> تُقام اليوم حفلة راقصة عند سفير مملكة ---. الأميرة ستكون هناك. ونحن سنبقى حتى الثانية. إنَّها فرصة لتراني على انفراد. حين تتفرَّق حاشيتها ولا يبقى في المدخل غير البوَّاب، لكنَّه يذهب، هو الآخر، عادة، إلى محرسه، تعال في منتصف الثانية عشرة، اصعد الدرج مباشرة، فإن التقيت أحدًا في المدخل اسأله هل الأميرة في المنزل. سيجيبك بالنفي، فلا يبقى لك ما تفعله سوى العودة من حيث أتيت. لكنَّك، على الأغلب، لن تلتقي أحدًا. البنات سيجلسن في غرفة واحدة في قسمهنَّ. اتَّجه، بعد المدخل إلى اليسار، سِرْ بخطٍّ مستقيم حتى تصل إلى غرفة نوم الأميرة. سترى في غرفة النوم وراء الستارة بابين: الباب الأيمن يؤدِّي إلى المكتب الذي لا تدخله الأميرة أبدًا، والباب الأيسر يؤدِّي إلى الممرِّ، وهنا ستجد درجًا ضيِّقًا ملتفًّا يؤدِّي إلى غرفتي.

توتَّر غيرمان كالنمر الهائج، في انتظار الزمن المحدَّد. وقف أمام بيت الأميرة من الساعة العاشرة مساء. كان الطقس فظيعًا: الريح تعوي، والثلج الرطب يتساقط ندفًا، والمصابيح تشعُّ بضوء ضعيف، والشوارع خالية. ويطلُّ في أحيان نادرة خيَّال على بغل نحيل يتأمَّل الساهر في هذا الوقت المتأخِّر.

وقف غيرمان مرتديًا سترته من دون معطف، لا يشعر بالريح أو الثلج. جاؤوا، أخيرًا بعربة الأميرة، ورأى كيف حمل الخدم العجوز المحدودبة الظهر من تحت إبطيها، وهي متدثِّرة بمعطف من الفراء الثمين، وكيف مشت وراءها ربيبتها بمعطف شتوي وقد زيَّنت شعرها بورود طبيعيَّة. أغلقت البوابات، ودرجت العربة بتثاقل فوق الثلج الرطب، وأقفل البوَّاب المدخل، وانطفأ الضوء في النوافذ. راح غيرمان يمشي جيئة وذهابًا حول البيت الخالي: اقترب من مصباح الشارع، ونظر إلى الساعة، كانت الساعة الحادية عشرة وعشرين دقيقة. ظلَّ تحت المصباح، مثبِّتًا بصره على عقارب الساعة، ومنتظرًا انقضاء الدقائق المتبقِّية. في منتصف الثانية عشرة بالضبط صعد إلى مدخل منزل الأميرة، ودخل البهو المغمور بضوء ساطع. البوَّاب لم يكن موجودًا. ركض على الدرج، فتح الباب على صالة أمامية في نهايته، فرأى خادمًا ينام تحت المصباح، في أريكة قديمة متَّسخة. مرَّ غيرمان بجانبه بخطوات رشيقة، ثابتة. القاعة وغرفة الضيوف كانتا معتمتين، مضاءتين بضوء شحيح يأتي من الصالة الأمامية. دخل غرفة النوم. أضاء مصباح مذهَّب تجويفًا في الجدار ممتلئًا بأيقونات قديمة، واصطفَّت أرائك وديوانات مغطَّاة بحرير سميك، عليها وسائد من الريش مطرَّزة بخيوط ذهبية، بتناظر بائس قرب الجدران التي غُطِّيت بورق جدران صيني. وعلِّقت على الجدار لوحتا (بورتريه) رسمتهما مدام ليبرين في باريس، إحداهما تصوِّر رجلًا في الأربعين من العمر، أحمر الخدِّين وممتلئ الجسم، يرتدي زيًّا رسميًّا أخضر فاتحًا، مزيَّنًا بنجمة، والثانية تصوِّر حسناء شابَّة ذات أنف كأنف النسر، شعرها مسرَّح ومبودر ومزيَّن بوردتين عند الصدغين. وقد انتشرت في زوايا المكان كلِّها تماثيل فخارية لراعيات، وساعات طاولات من صنع «ليروا» الشهير، وعلب

وأقراص روليت، ومراوح يدوية، ولعب نسائية مختلفة ممَّا تم ابتكاره في أواخر القرن الماضي إلى جانب الكرة المنغولية السحرية. اجتاز غيرمان ستارة، كان وراءها تخت حديدي صغير. وثمَّة إلى اليمين باب يؤدِّي إلى المكتب، وإلى اليسار باب آخر يقود إلى الممرِّ، فتحه غيرمان فرأى الدرج الضيق الملتفَّ الذي يوصل إلى غرفة الربيبة المسكينة... لكنَّه عاد ودخل المكتب المعتم.

سار الزمن بطيئًا. كان كلُّ شيء هادئًا. دقَّت الساعة الثانية عشرة في قاعة الضيوف، ودقَّت الساعات واحدة بعد أخرى في الغرف كلِّها ثم صمتت جميعها بعد ذلك. وقف غيرمان مستندًا إلى الموقد البارد. كان هادئًا، قلبه يدقُّ بانتظام، كقلب إنسان قرَّر الإقدام على عمل خطير، لكنَّه ضروري. ثم دقَّت الساعة الواحدة، ثم الثانية صباحًا، وفجأة سمع صوت العربة قادمًا من بعيد. انتابه قلق رغم إرادته. وصلت العربة وتوقَّفت. وسمع صوت سلَّم النزول من العربة يفتح. امتلأ البيت بالحركة، تراكض الناس، وتعالت الأصوات، وأُضيئت غرف المنزل. اندفعت ثلاث خادمات كبيرات في السنِّ إلى غرفة النوم، ودخلت الأميرة، وهي تكاد تفارق الحياة إعياءً، وارتمت على أرائك من طراز فولتير. كان غيرمان ينظر من ثقوب الباب: رأى ليزافيتا إيفانوفنا تمرُّ بجانبه، وسمع صوت خطواتها المسرعة وهي تصعد الدرج. أحسَّ في قلبه بشيء يشبه تأنيب الضمير تصاعد ثم صمت، وصار قلبه قطعة من حجر.

شرعت الأميرة في خلع ملابسها أمام المرآة. نزعوا قبَّعتها المزيَّنة بالورود، والشعر المستعار المبودر عن رأسها الأشيب الذي قُصَّ شعره الكثيف. الدبابيس تناثرت بقربها كالمطر. والثوب الأصفر المخيط بخيوط من فضَّة، سقط أمام قدميها المتورِّمتين. كان غيرمان شاهدًا على أسرار زينتها المقزِّزة. وأخيرًا بقيت الأميرة بالقميص والقبَّعة المخصَّصين للنوم، وكان هذا الزيُّ أكثر ملاءمة لسنِّها، فقد بدت فيه أقلَّ بشاعة وقُبحًا.

كانت الأميرة، ككلِّ كبار السنِّ عمومًا، تشكو من الأرق. خلعت ملابسها وجلست قرب النافذة في أريكتها، وصرفت الخدم الذين أخذوا معهم الشموع،

فعادت الغرفة تضاء بمصباح واحد. جلست وقد كست الصفرة بشرتها، وراحت تحرِّك شفتيها المتهدِّلتين، متمايلة يمينًا ويسارًا.

عيناها العكرتان عكستا خلوَّهما التامَّ من كلِّ معنى، وكان بمقدور من ينظر إليها أن يفكِّر أنَّ اهتزاز هذه العجوز القبيحة لا يتمُّ بإرادتها، وإنَّما بتأثير جاذبيَّة خفيَّة.

تغيَّر هذا الوجه الميت فجأة، تغيُّرًا غير مفهوم. كفَّت شفتاها عن الحركة، وانتعشت عيناها، فقد كان يقف أمامها رجل لا تعرفه.

- «لا تخافي، بحقِّ الله، لا تخافي!»، قال بصوت واضح خافت، «فأنا ليس في نيَّتي أن أؤذيك. أنا جئت أتوسَّل إليك أن تقدِّمي لي معروفًا».

ظلَّت العجوز تنظر إليه في صمت، فبدا له أنَّها لا تسمعه. وتصوَّر غيرمان أنَّها صمَّاء، فانحنى فوق أذنها تمامًا وكرَّر لها ما قاله، لكنَّ العجوز ظلَّت صامتة كما كانت.

- «أنت تستطيعين أن تمنحي حياتي السعادة»، تابع غيرمان، «وهذا لن يكلِّفك شيئًا، أنا أعرف أنَّك تستطيعين معرفة الورقات الثلاث التي»...

توقَّف غيرمان. وبدا أنَّ الأميرة فهمت ما الذي يُراد منها، وأنَّها تبحث عن كلمات تجيب بها.

- «تلك كانت نكتة»، قالت الأميرة أخيرًا، «أقسم لك! كانت نكتة!».

- «لا مجال للمزاح في مثل هذه الأمور»، قال غيرمان غاضبًا، «تذكَّري تشابليتسكي الذي ساعدته أنت في استرداد خسارته».

ارتبكت الأميرة على ما يبدو، وعبَّرت قسَماتها عن حركة عنيفة في روحها، لكنَّها سرعان ما عادت فوقعت في جمودها السابق.

- «ألا تستطيعين أن تحدِّدي لي هذه الورقات الثلاث الرابحة بالتأكيد؟»، أضاف غيرمان.

الأميرة ظلَّت صامتة، فتابع:

- لمن تحتفظين بسرِّك؟ لأحفادك؟ إنَّهم أغنياء، لا يحتاجون مساعدة.

إنَّهم حتى لا يقيمون وزنًا للنقود. المسرف لن تنفعه ورقاتك الثلاث. من لا يستطيع صيانة تركة أبيه سيموت فقيرًا رغم كلِّ شيء، وبغضِّ النظر عن أيَّة جهود للقوى الخفيَّة. أنا لست مسرفًا، أنا أعرف قيمة النقود. ورقاتك الثلاث لن أضيِّعها سدى. هيًا!

صمت، وانتظر جوابها بقلق. وظلَّت الأميرة صامتة. جثا غيرمان على ركبتيه، وخاطبها قائلًا:

- إذا كان قلبك قد عرف شعور الحبِّ يومًا، إذا كنت تذكرين انفعالاته، إذا ابتسمت، لو مرَّة، وأنت تسمعين بكاء جنين يولد، إذا كان صدرك قد خفق يومًا بحسٍّ إنساني، فبحقِّ ذلك كلِّه، بحقِّ عواطف الزوجة والعشيقة، والأمِّ، بحقِّ كلِّ ما هو مقدَّس في الحياة، لا ترفضي طلبي! اكشفي لي سرَّك! ماذا تخفين؟ قد يكون ما تخفينه مرتبطًا بإثم فظيع، أو بموت المتعة الأبدية، أو باتفاق شيطاني... فكِّري: أنت عجوز، ولن تعيشي طويلًا، أنا مستعدٌّ لحمل الإثم عنك. اكشفي لي سرَّك. فكِّري في أنَّ سعادة إنسان بين يديك، ليس أنا فقط، بل أولادي، أحفادي وأبناء أحفادي سيقدِّسون ذكرك، ويبجِّلونك كقدِّيسة.

لم تنبس العجوز ببنت شفة. نهض غيرمان.

- «يا لك من غولة عجوز!»، قال وهو يكزُّ على أسنانه، «أنا أعرف كيف أرغمك على الجواب»...

قال ذلك وهو يُخرج من جيبه مسدَّسًا.

حين رأت الأميرة المسدَّس بدا عليها الانفعال الشديد للمرَّة الثانية. خفضت رأسها ورفعت يدها كما لو كانت تتَّقي الطلق الناري... ثم سقطت متكوِّمة... وسكنت من دون حراك.

- «كفاك ولدنة!»، قال غيرمان وهو يمسك يدها، «أسألك للمرَّة الأخيرة: أتريدين أن تسمِّي لي ورقاتك الثلاث؟ نعم، أم لا؟».

لم تُجِب الأميرة. ورأى غيرمان أنَّها ميتة.

-4-

7 أيار (مايو) -- 18

Homme sans mœurs et sans religion![1]
من رسالة

جلست ليزافيتا إيفانوفنا في غرفتها بلباسها الاحتفالي وغاصت في تفكير عميق. حين عادت إلى البيت، أسرعت وصرفت الخادمة التي كانت تغالب النعاس وهي تعرض عليها المساعدة في خلع ملابسها، وقالت لها إنَّها ستقوم بذلك من دون مساعدة، ثم دخلت إلى غرفتها مضطربة وهي تتوقَّع أن ترى غيرمان فيها، وتتمنَّى ألَّا تراه هناك. من النظرة الأولى تأكَّدت من عدم وجوده، وشكرت القدر الذي حال دون لقائهما. جلست من دون أن تخلع ملابسها وراحت تتذكَّر كلَّ الظروف التي ورَّطتها إلى هذا الحدِّ، وفي هذا الزمن القصير. لم يكن قد مضى ثلاثة أسابيع على المرَّة الأولى التي رأت فيها ذلك الشابَّ وهي تنظر عبر النافذة، وها هي ذي الآن تراسله، بل إنَّه استطاع أن يطلب منها موعدًا ليليًّا! إنَّها لم تعرف اسمه إلَّا من خلال بعض الرسائل التي وقَّعها، ولم تتكلَّم معه في أيِّ يوم من الأيَّام، إنَّها لم تسمع صوته، ولم تسمع أحدًا يتحدَّث عنه... قبل مساء هذا اليوم. غريب هذا الأمر! في هذا المساء نفسه، في الحفلة الراقصة، غضب تومسكي من سلوك الأميرة الشابَّة بولينا، التي غازلت غيره، وأراد أن يثأر لنفسه متظاهرًا باللامبالاة، فدعا ليزافيتا إيفانوفنا للرقص، وراقصها

---

(1) إنسان عديم الأخلاق والدين.

في رقصة «مازوركا» بدت من دون نهاية. كان طول الوقت يسخر من ميلها إلى الضبَّاط المهندسين، مؤكِّدًا أنَّه يعرف عن هذا الأمر أكثر بكثير مما تستطيع أن تتوقَّع، وقد بدا بعض نكاته موفَّقًا في توجُّهه إلى حدٍّ جعل ليزافيتا إيفانوفنا تتصوَّر أحيانًا أنَّ سرَّها معروف عنده.

- «من أين عرفت كلَّ هذه الأمور؟»، سألته وهي تضحك.
- «من صديق فتاة تعرفينها، إنَّه إنسان رائع!»، أجاب تومسكي.
- ومن هذا الإنسان الرائع؟
- اسمه غيرمان.

ليزافيتا إيفانوفنا لم تُجب بشيء، لكنَّ أطرافها تجمَّدت...

- «غيرمان هذا»، تابع تومسكي، «روماني الوجه حقًّا، إنَّه يشبه نابوليون إذا نظرت إلى وجهه من جانب، أمَّا روحه فروح ميفيستوفل. أعتقد أنَّ في عنق هذا الإنسان إثم ثلاثة أعمال شرِّيرة على الأقل. يا إلهي، كم شحب لونك!».
- أنا أشعر بصداع... ماذا قال لك غيرمان، أو، ماذا كان اسمه؟
- غيرمان غير راضٍ أبدًا عن زميله، هو يقول إنَّه سيتصرَّف بشكل مختلف تمامًا لو كان مكانه... أنا أظنُّ أنَّ غيرمان معجب بك. إنَّه، على الأقل، يتأثَّر كثيرًا وهو يستمع إلى عبارات الحبِّ التي يُطلقها زميله.
- ولكن، أين تراه رآني؟
- قد يكون رآك في الكنيسة، أو وأنت تتنزَّهين! الله وحده يعلم! لعلَّه رآك في غرفتك، في أثناء نومك، إنَّ المرء يتوقع منه...

أدَّى اقتراب ثلاث سيِّدات منهما وهنَّ يسألن: «Oubli ou regret[1]» إلى قطع حديثهما، الذي صار مثيرًا بشكل مؤلم لفضول ليزافيتا إيفانوفنا.

---

(1) نسيان أو ندم. عبارة فرنسية تستخدم لتبادل الشركاء في الرقص (المترجم).

164

السيِّدة التي اختارها تومسكي كانت الأميرة بولينا، فقد استطاعت أن تتفاهم معه بعد قيامها بدورة إضافية، والدَوَران مرَّة ثانية أمام كرسيِّها. وحين عاد تومسكي إلى مكانه لم يكن يفكِّر بغيرمان أو بليزافيتا إيفانوفنا. أمَّا هي فأرادت حتمًا مواصلة الحديث الذي انقطع، لكنَّ «المازوركا» انتهت، وبعدها سارعت الأميرة إلى المغادرة.

لم تكن كلمات تومسكي سوى ثرثرة في أثناء رقص «المازوركا»، لكنَّها نفذت عميقًا في روح الصبيَّة الحالمة. البورتريه الذي رسمه تومسكي كان شبيهًا بالصورة التي رسمتها هي نفسها، وصار هذا الوجه الذي بات الآن مبتذلًا، يُخيفها ويأسر خيالها بفضل أحدث ما قرأته من روايات. جلست مصالبة ذراعيها العاريتين، مطأطئة رأسها الذي ما زالت الورود تزيِّنه، إلى صدرها... وفجأة فُتح الباب ودخل غيرمان.

- «أين كنت؟»، همست تسأله خائفة.
- «في غرفة نوم الأميرة العجوز»، أجاب غيرمان، «جئت للتوِّ من هناك. الأميرة ماتت».
- يا إلهي! ماذا تقول؟
- «ويبدو لي أنَّي أنا سبب موتها»، تابع غيرمان.

نظرت ليزافيتا إيفانوفنا إليه ودوَّت في روحها كلمات تومسكي: «أنا أعتقد أنَّ في عنق هذا الإنسان إثم ثلاثة أعمال شرِّيرة على الأقل!». أمَّا غيرمان فجلس إلى جانبها قرب النافذة وروى لها كلَّ شيء.

استمعت إليه ليزافيتا إيفانوفنا مرعوبة. هكذا إذن، رسائل العشق، والمطالبات اللاهبة، والملاحقة العنيدة، ذلك كلُّه لم يكن حبًّا! المال هو ما كانت تتعطَّش إليه روحه! هي لم تكن لترويَ رغباته وتسعده! الربيبة المسكينة لم تكن سوى مساعدة عمياء للمجرم قاتل العجوز التي أحسنت إليها... بكت بمرارة غارقة في ندمها المتأخِّر. وراح غيرمان ينظر إليها في صمت: لقد كان قلبه يتمزَّق أيضًا، ولكن، لم تكن دموع الفتاة المسكينة أو روعة حزنها المدهشة

هي ما أقلق روحه القاسية، وهو لم يشعر بعذاب الضمير يذكِّره بالعجوز الميتة. الأمر الوحيد الذي كان يشعر بفظاعته، هو أنَّه فقد إلى الأبد، السرَّ الذي توقَّع أن يوصله إلى الثراء.

- «أنت كائن فظيع!»، قالت ليزافيتا إيفانوفنا أخيرًا.
- «أنا لم أُرِد موتها»، ردَّ غيرمان، «مسدَّسي ليس محشوًّا».

صمت الاثنان.

حلَّ الصباح. أطفأت ليزافيتا إيفانوفنا الشمعة التي كادت تذوب عن آخرها: أضاء نور الصباح الشاحب الغرفة. مسحت عينيها الدامعتين ورفعتهما ناظرة إلى غيرمان: كان يجلس على حافَّة النافذة، مصالبًا يديه، عابسًا عبوسًا رهيبًا، وكان في هذه الوضعية يشبه شبهًا مدهشًا بورتريه نابوليون، وهذا ما أدهش حتى ليزافيتا إيفانوفنا.

- «كيف ستخرج من المنزل؟»، قالت ليزافيتا إيفانوفنا أخيرًا، «لقد فكَّرت في إخراجك عن طريق الدرج السرِّي، لكنَّ هذا يتطلَّب المرور قرب غرفة نوم الأميرة، وأنا أخاف».
- قولي لي كيف أجد هذا الدرج السرِّي وأنا سأذهب بمفردي.

نهضت ليزافيتا إيفانوفنا، فأخرجت من دُرج الخزانة الصغيرة مفتاحًا سلَّمته لغيرمان، وأعطته إرشادات تفصيلية. شدَّ غيرمان على يدها الباردة التي لم تستجب لضغط يده، وقبَّل رأسها المحنيَّ وخرج.

نزل على الدرج الملتفِّ إلى أسفل، ودخل مرَّة ثانية إلى غرفة نوم الأميرة. كانت العجوز الميتة تجلس متحجِّرة، وعلى وجهها تعابير اطمئنان عميق. توقَّف غيرمان أمامها وتأمَّلها طويلًا وكأنَّه يريد أن يتأكَّد من الحقيقة الفظيعة، ثم خرج أخيرًا إلى المكتب، تلمَّس مكان الباب المغطَّى بورق الجدران، وجده وبدأ يهبط على الدرج المعتم تنتابه مشاعر غريبة. من المحتمل - قال في سرِّه - أنَّه قبل ستِّين عامًا، على هذا الدرج نفسه، وإلى غرفة النوم نفسها، وفي الساعة عينها،

تسلَّل شابٌّ محظوظ، بقفطان مطرَّز، وشعر مسرَّح à l'oiseau royal[1]، ضاغطًا إلى صدره قبَّعته المثلَّثة، شابٌّ صارت جثَّته رمادًا في القبر منذ زمن بعيد، أمَّا قلب عشيقته الطاعنة في السنِّ، فلم يتوقَّف إلَّا اليوم...

في آخر الدرَج وجد غيرمان بابًا فتحه بالمفتاح نفسه، فإذا به في ممرٍّ يلعب فيه الهواء، قاده إلى الشارع.

---

(1) تسريحة اللقلق الملك.

-5-

في هذه الليلة، ظهرت لي المرحومة
الأميرة فون ف. كانت كلُّها
مجلَّلة بالبياض. قالت لي:
«مرحبًا أيُّها السيِّد المستشار!».

شفيدينبرغ

بعد مرور ثلاثة أيَّام على تلك الليلة الكارثية، في الساعة التاسعة صباحًا، توجَّه غيرمان إلى دير ف.، حيث كانوا سيصلُّون على روح الأميرة الميتة. لم يكن يشعر بالندم، لكنَّه لم يستطع أن يُخمد تمامًا صوت الضمير الذي كان يؤكِّد له: أنت قاتل العجوز! وهو، رغم ضعف إيمانه بالدين الحقيقي، كان يؤمن بكثير من الخرافات، ومنها أنَّ باستطاعة الأميرة الميتة أن تؤثِّر في حياته تأثيرًا مؤذيًا، لذا قرَّر حضور دفنها علَّه يحظى منها بالغفران.

كانت الكنيسة ملأى، فشقَّ غيرمان بصعوبة طريقه بين الناس المحتشدين. كان التابوت على عربة دفن فاخرة، فوق غطاء مخملي. وكانت الميتة مسجَّاة فيه، يداها متصالبتان فوق صدرها، وعلى رأسها غطاء من التول، وجسدها يغطِّيه ثوب من الأطلس الأبيض، يحيط بها أهل بيتها، والخدم يرتدون قفاطين سوداء عليها شرائط عند الكتف تحمل رمز العائلة، وهم يحملون الشموع في أيديهم، أمَّا الأقارب فتملَّكهم حزن عميق؛ الأبناء، والأحفاد، وأبناء الأحفاد. ولم يكن أيٌّ منهم يبكي، فالدموع ستبدو نوعًا من une affectation[1]. لقد كانت الأميرة

(1) النفاق.

عجوزًا إلى حدٍّ يجعل موتها لا يُدهش أحدًا، وكان أقاربها ينظرون إليها كامرأة عاشت عمرها منذ زمن بعيد. تلا كاهن شابٌّ كلمة الوداع، فصوَّر بعبارات بسيطة مؤثِّرة حسنات الميتة المؤمنة، تلك الأفعال التي كانت عبر السنين الطويلة استعدادًا هادئًا، ضارعًا، متمنِّيًا نهاية مسيحية لحياتها.

- «لقد أخذها ملك الموت»، قال الخطيب، «وهي منتعشة بنوايا الخير، تنتظره بلهفة عروس تنتظر عريسها».

انتهى التشييع بمظاهر حزن لائق. مشى الأقارب أوَّلًا، لوداع الجثمان، تبعهم العدد الغفير من الضيوف الذين جاؤوا لوداع من كانت في الماضي شريكة في مرحهم الصاخب. ومشى بعد هؤلاء أهل بيتها. وأخيرًا اقتربت سيِّدة نبيلة عجوز من أتراب المرحومة. فتاتان شابَّتان أمسكتا بها من تحت إبطيها. لم تكن العجوز قادرة على الانحناء حتى الأرض، وذرفت إحداهنَّ عدَّة دمعات وهي تقبِّل اليد الباردة لسيِّدتها. بعدها قرَّر غيرمان الاقتراب من التابوت. انحنى حتى الأرض، وظلَّ بضع دقائق راقدًا على الأرضية الباردة المغطَّاة بأوراق السرو الإبرية. نهض أخيرًا شاحبًا شحوب المتوفَّى، صعد درج العربة وانحنى... فبدا له في تلك اللحظة أنَّ الميتة نظرت إليه ساخرة وقد زمَّت عينيها. ارتدَّ غيرمان بسرعة إلى الوراء، فزلَّت قدمه وارتمى كومة على الأرض. رفعوه. وفي الوقت نفسه، كانوا يحملون ليزافيتا إيفانوفنا إلى الشرفة وقد أغمي عليها. لقد عكَّر هذا المشهد لدقائق احتفالية الطقس العابس. وثارت بين الزوَّار همهمة مكبوتة، وهمس سيِّد نحيل من أقارب المتوفَّاة في أذن إنجليزي يقف بقربه زاعمًا أنَّ الضابط الشابَّ هو ابنها غير الشرعي، فأجابه الإنجليزي ببرود: «أوه؟».

ظلَّ غيرمان يومًا كاملًا في اكتئاب شديد. تناول غداءه وحيدًا في خمَّارة، وعلى غير عادته شرب كثيرًا جدًّا آملًا أن يُطفئ القلق في داخله. لكنَّ الخمر زادت في حرارة خياله. وحين عاد إلى البيت ألقى بنفسه على السرير من دون أن يخلع ملابسه ونام نومًا عميقًا.

حين استيقظ كان الليل قد حلَّ، والقمر يضيء غرفته. نظر إلى الساعة فإذا هي الثالثة إلَّا رُبعًا. لم يعد راغبًا في النوم، لذا جلس في السرير وراح يفكِّر في جنازة الأميرة العجوز.

آنذاك أطلَّ أحدهم عليه من الشارع عبر النافذة، واختفى حالًا. لم يُعِرْ غيرمان ذلك أيَّ اهتمام. وبعد دقيقة سمع أحدهم يفتح باب الغرفة الأمامية، فظنَّ أنَّ خادمه المرافق رجع من نزهته الليلية مخمورًا كعادته. لكنَّه سمع وقع خطوات غير معهود؛ كان أحدهم يمشي فيُصدر حذاؤه صوتًا خافتًا. فُتح الباب ودخلت امرأة بثوب أبيض. ظنَّها في البداية مرضعته العجوز، ودُهش من مجيئها في هذا الوقت. لكنَّ المرأة ذات الثوب الأبيض انسلَّت فصارت فجأة أمامه، وعرف غيرمان أنَّها الأميرة!

«لقد جئت إليك رغمًا عني»، قالت له بصوت صلب، «لَكنِّي أُمرت بتلبية رغبتك. الأوراق هي **ثلاثة وسبعة وآس**، تربح معك على التوالي، لكن بشرط ألَّا تلعب في اليوم الواحد بأكثر من ورقة، وأن تكفَّ بعد ذلك عن اللعب مدى الحياة. وأنا سأغفر لك موتي، إذا تزوَّجت من ربيبتي ليزافيتا إيفانوفنا»...

أنهت كلامها، فاستدارت بهدوء متَّجهة نحو الباب، واختفت، وحذاؤها يُرسل صوته الخافت. سمعها غيرمان وهي تغلق باب المنزل، ورأى أحدهم ينظر إليه من النافذة ثانية.

لم يستطع غيرمان تمالك نفسه إلَّا بعد وقت طويل. خرج إلى الغرفة الأخرى. كان خادمه المرافق نائمًا على الأرض. حاول إيقاظه بقوَّة، لكنَّه كان مخمورًا كعادته، ولا يمكن الحصول منه على أيِّ شيء ذي جدوى، وكان باب المنزل مقفلًا. عاد غيرمان إلى غرفته، فأشعل شمعة ودوَّن رؤياه.

-6-

- انتبه!
- كيف تجرَّأت وقلت لي انتبه؟
- أنا، يا صاحب المعالي
- قلت: انتبهوا!

لا تستطيع فكرتان ثابتتان أن توجدا معًا في الطبيعة الأخلاقية، مثلما لا يستطيع جسمان في العالم الفيزيائي شغل المكان نفسه. الأوراق **ثلاثة وسبعة وآس** أزاحت فورًا من خيال غيرمان صورة العجوز الميتة. **ثلاثة وسبعة وآس**، كلمات لم تغادر دماغه، وراحت تتحرَّك باستمرار على شفتيه. رأى بنتًا صبيَّة فقال:

- يا لرشاقة قامتها!... إنَّها **ثلاثة** كُبَّة حقيقية.

واذا سُئل كم الساعة؟ أجاب: «**سبعة** إلَّا خمس دقائق». وراح كلُّ رجل أكرش يذكِّره **بالآس**. لقد لاحقته الأوراق **ثلاثة وسبعة وآس** في المنام متَّخذة شتَّى الأشكال الممكنة. الورقة **ثلاثة** أزهرت أمامه في صورة وردة «غرانديفلورا» كبيرة، والورقة **سبعة** بدت له بوَّابة قوطية الطراز، وبدت له ورقة **الآس** عنكبوتًا ضخمةً. وانصبَّت أفكاره في اتجاه واحد، هو استخدام السرِّ الذي كلَّفه غاليًا. راح يفكِّر في الاستقالة والقيام بجولة سياحية، وتمنَّى أن يستولي على كنز الحظِّ المسحور في بيوت القمار العلنية في باريس. ثم وقع حادث خلَّصه من تخبُّطه.

تشكَّلت في موسكو جمعية من المقامرين الأثرياء يرأسها تشيكالينسكي الشهير، الذي قضى عمره كلَّه في لعب القمار، فجنى في وقت من الأوقات الملايين، وربح كمبيالات، وخسر نقودًا. وقد أكسبته خبرته الطويلة الأمد ثقة زملائه، فحاز بيته المفتوح للقمار، وطبَّاخه المتميِّز، والمعاملة الودودة المرحة،

احترام الجمهور. حين جاء إلى بيتربورغ اندفع الشباب إليه، نسوا الرقص وانحازوا إلى المقامرة، مفضِّلين إغراءات القمار على دلع الآنسات. وذات يوم أخذ ناروموف غيرمان إلى ذلك البيت.

اجتازا صفًّا من الغرف الرائعة الملأى بنُدل مهذَّبين، وفيها عدد من الجنرالات والمستشارين يلعبون لعبة الـ «ويست». أمَّا الشبَّان فاضطجعوا على الأرائك المخمليَّة يأكلون المثلَّجات، ويدخِّنون الغليون. وفي قاعة الاستقبال احتشد حول طاولة مستطيلة نحو عشرين شخصًا من اللاعبين وراح صاحب البيت يوزِّع الورق. كان شخصًا في الستِّين من عمره، ذا مظهر يوحي بالاحترام الشديد، رأسه مغطًّى بشعر أشيب فضِّي اللون، ووجهه نضر يعبِّر عن الطيبة، وعيناه تلتمعان تنعشهما ابتسامة دائمة. قدَّم له ناروموف غيرمان، فشدَّ تشيكالينسكي على يده بمودَّة، وطلب منه أن يتصرَّف براحته، ثم واصل توزيع الورق.

استمرَّت الجولة طويلًا. وكان على الطاولة أكثر من ثلاثين ورقة رهان. كان تشيكالينسكي يتوقَّف بعد كلِّ رمية مفسحًا في الوقت للاعبين كي يتصرَّفوا، ويسجِّل النتائج، ويُصغي بتهذيب إلى مطالبهم، وبمزيد من التهذيب يقوِّم زاوية لا لزوم لها، رسمتها يد من دون انتباه. انتهت الجولة أخيرًا. وخلط تشيكالينسكي أوراق اللعب واستعدَّ للجولة التالية.

- «اسمح لي أن أراهن بورقة»، قال غيرمان، وهو يمدُّ يده من وراء سيِّد بدين وضع رهانه للتوِّ.

ابتسم تشيكالينسكي وانحنى محيِّيًا في صمت علامة الموافقة. وهنَّأ ناروموف غيرمان ضاحكًا، على إنهائه لصومه الطويل عن اللعب، وتمنَّى له بداية سعيدة.

- «اتَّفقنا!». قال غيرمان وهو يدوِّن بالطباشير رقم رهانه.

- «ما المبلغ، حضرتك؟»، سأل موزِّع الأوراق زامًّا عينيه، «المعذرة منك، أنا لا أرى جيِّدًا».

- «سبعة وأربعون ألفًا»، أجاب غيرمان.

حين سُمعت هذه الكلمات التفتت الرؤوس فورًا واتَّجهت الأنظار إلى غيرمان. قال ناروموف في سرِّه: «لقد فقد عقله!».

- «اسمح لي أن أنبِّهك»، قال تشيكالينسكي محتفظًا بابتسامته الدائمة، «أنَّ رهانك قويٌّ، فلا أحد راهن حتى الآن بأكثر من مئتين وخمسة وسبعين روبلًا».

- «وماذا يعني ذلك؟»، قال غيرمان معترضًا، «هل ستقبل رهاني أم لا؟».

انحنى تشيكالينسكي معبِّرًا عن التواضع والقبول في الوقت نفسه.

- ما أردته هو إبلاغك فقط، أنا مؤتمن ومسؤول أمام زملائي، لذا لا أستطيع اللعب إلَّا إذا كانت النقود حاضرة. أنا، من ناحيتي، أؤمن طبعًا أنَّ كلمتك كافية، لكنَّ قانون اللعبة والحسابات يجعلني أطلب منك وضع النقود فوق الرهان.

أخرج غيرمان من جيبه دفتر حساب المصرف وأعطاه لتشيكالينسكي الذي ألقى عليه نظرة سريعة ثم وضعه فوق ورقته.

بدأ التوزيع، على يمينه جاءت **التسعة** وعلى يساره **الثلاثة**.

- «ربحت ورقتي!»، قال غيرمان مشيرًا إلى **الثلاثة**.

في هذه الأثناء تعالى الهمس بين اللاعبين. عبس تشيكالينسكي، لكنَّ الابتسامة عادت سريعًا إلى وجهه.

"أتريد استلام المبلغ؟"، سأله.

- «لو تكرَّمت»، أجاب غيرمان.

أخرج تشيكالينسكي من جيبه عدَّة دفاتر حسابات مصرفية، ودفع المبلغ في الحال. استلم غيرمان نقوده وابتعد عن الطاولة. ناروموف لم يستطع أن يفيق من دهشته. شرب غيرمان كأسًا من عصير الليمون وذهب إلى منزله.

في مساء اليوم التالي، ظهر من جديد عند تشيكالينسكي الذي كان يوزِّع

الورق. اقترب غيرمان من الطاولة، فأفسح له اللاعبون مكانًا في الحال، وحيَّاه تشيكالينسكي بانحناءة ودودة.

انتظر غيرمان الجولة الجديدة، اختار ورقة ووضع عليها السبعة وأربعين ألفًا وما ربحه البارحة.

بدأ تشيكالينسكي يرمي الورق. وقع **الفاليت** إلى اليمين **والسبعة** إلى اليسار. فتح غيرمان **السبعة**.

تأوَّه الجميع. وارتبك تشيكالينسكي على ما يبدو. عدَّ أربعًا وتسعين ألفًا وأعطاها لغيرمان. أخذ غيرمان النقود ببرود وانسحب في الحال.

ظهر غيرمان في المساء التالي على الطاولة من جديد. كان الجميع في انتظاره. الجنرالات والمستشارون تركوا لعبتهم «الويست» كي يشاهدوا اللعبة غير العادية. وقفز الضبَّاط الشباب عن أرائكهم، واجتمع الخدم في قاعة الاستقبال. أفسحوا الطريق لغيرمان، وامتنع المقامرون الآخرون عن المراهنة، منتظرين بنفاد صبر ما ستؤول إليه اللعبة. وقف غيرمان عند الطاولة مستعدًّا للمقامرة منفردًا ضدَّ تشيكالينسكي الشاحب الذي ظلَّ باسمًا رغم شحوبه. فتح كلٌّ منهما رزمة ورق جديدة.

خلط تشيكالينسكي أوراقه، أمَّا غيرمان فأخذ ورقة ووضعها على الطاولة وغطَّاها بكومة من الأوراق النقدية. كان الوضع شبيهًا بالمبارزة، وقد ساد الصمت في المكان كلِّه.

شرع تشيكالينسكي يرمي الورق بيد مرتجفة. وقعت **البنت على اليمين**، **والآس** على اليسار.

- «**الآس يربح!**»، قال غيرمان وفتح ورقته.
- ورقتك **البنت** خاسرة، قال تشيكالينسكي بودٍّ.

أجفل غيرمان: الورقة التي كانت في يده بنت **البستوني** بدلًا من الآس. لم يصدِّق عينيه، ولم يستطع أن يفهم كيف حدث ذلك.

وبدا له في هذه اللحظة أنَّ **بنت البستوني** زمَّت عينيها وضحكت ضحكة ساخرة مكتومة. أذهله الشبه غير العادي...

- «العجوز!»، صاح مرعوبًا.

سحب تشيكالينسكي الأوراق النقدية التي ربحها، وقف غيرمان من دون حراك. وحين ابتعد عن الطاولة علا حديث صاخب بين الحضور.

- «لقد راهن رهانًا رائعًا!»، قال المقامرون.

خلط تشيكالينسكي أوراق اللعب من جديد، وعاد اللعب يأخذ مجراه.

خاتمة

فقد غيرمان عقله. أنزلوه في مشفى أوبوخفسكي في الغرفة رقم 17، هو لا يُجيب عن أيَّة أسئلة، ويتمتم بسرعة غير عادية: «**ثلاثة، سبعة، آس! ثلاثة، سبعة، بنت!**»...

تزوَّجت ليزافيتا إيفانوفنا شابًّا ظريفًا للغاية، يخدم في مكان ما، وحالته المادِّية جيِّدة: إنَّه ابن وكيل الأميرة العجوز سابقًا. وترعى ليزافيتا إيفانوفنا قريبة لها فقيرة الحال.

رُفِّع تومسكي إلى مرتبة قائد سريَّة وتزوَّج من الأميرة بولينا.

الليالي المصرية

-Quel est cet homme?

-Ha, c'est un bien grand talent, il fait de sa voix tout ce qu'il veut.

-Il devrait bien, madame, s'en faire une culotte.[1]

كتب بوشكين هذه القصَّة الطويلة في عام 1835، ولم يصلنا سوى جزء منها، لكنَّه جزء له طابع الاكتمال. يصوِّر علاقة الكاتب بالمجتمع، بطله شاعر روسي من أوساط المجتمع الراقي، وشاعر إيطالي فقير يطوف في أوروبا بوصفه ممثِّلًا ارتجاليًّا، وقد وضع بوشكين في شخصية تشارسكي بعض صفاته الشخصية

(1) - ما هذا الإنسان؟

- أوه، إنَّه موهبة عظيمة، إنَّه يصنع بصوته كلَّ شيء، كلَّ ما ترغبين فيه.

- كان ينبغي له يا سيِّدتي، أن يصنع منه سروالًا يرتديه.

لكنَّه، مع ذلك، جعله مختلفًا عنه في كثير من صفاته ومواقفه. تتجلَّى في المقطع الأوَّل علاقة الشاعر بالقارئ في قصيدة الشاعر الارتجالي الإيطالي الأولى، أمَّا المقطع الثاني وقصيدة الشاعر الإيطالي الثانية فموضوعها الملكة المصرية كليوباترا، التي حكمت مصر بين عامي 69-30 قبل الميلاد، وقد استند بوشكين في تصويرها إلى رواية المؤرِّخ أفريلي فيكتور (القرن الرابع بعد الميلاد) مهتمًّا بالجانب النفسي لشخصية كليوباترا أكثر من اهتمامه بالجانب الاجتماعي.

بدأ بوشكين كتابة هذه القصَّة عام 1824 ولم يُكملها، ثم عاد للشغل عليها عام 1828 مُبديًا اهتمامًا أكبر ببعض التفاصيل التاريخية والنفسية، غير أنَّه لم يتِمَّها أيضًا. ومن الواضح من خلال المقاطع الشعرية وما يتخلَّلها من سطور نثرية أنَّ الشاعر كان ينوي صياغتها في قصيدة مطوَّلة.

الفصل الأوَّل

تشارسكي واحد من سكَّان بيتربورغ الأصليين. لم يكن قد بلغ الثلاثين بعد، أو تزوِّج، ولم تثقل الوظيفة كاهله. جدُّه المتوفَّى الذي كان في الزمن الجميل نائبًا للمُحافظ، ترك له ملكيَّة محترمة. وكان بمقدوره أن يعيش حياة هانئة للغاية، لكنَّه كان منكوبًا بكتابة الأشعار ونشرها، وقد سمُّوه في المجلَّات شاعرًا، وفي المجاملات مؤلِّفًا.

وبغضِّ النظر عن الامتيازات الكبيرة التي يتمتَّع بها الشعراء (لا بدَّ من الاعتراف بأنَّه ما عدا حقِّ استخدام حالة «المفعول به» في محلِّ حالة الإضافة وما شابه ذلك ممَّا يسمَّى بالتجاوزات الشعرية، لا نملك، نحن الشعراء الروس، أيَّ امتيازات خاصة)، أيًّا كانت تلك الامتيازات، وبغضِّ النظر عن كلِّ امتيازات محتملة، يتعرَّض هؤلاء الناس لخسائر ومنغِّصات كبيرة. إنَّ أكثر المصائب مرارة، وأشدها وطأة على الشاعر هي تسميته ولقبه الذي دُمغ به، ولن يستطيع الخلاص منه أبدًا. الجمهور ينظر إليه وكأنَّه يملكه، فهو في رأي الجمهور، وُلد كي يقدِّم له «الفائدة» و«المتعة». إذا عاد من قريته يسأله أوَّل من يلقاه: «ألم تُحضر لنا جديدًا ما؟». وإذا فكَّر في أحواله المتدهورة، أو بمرض شخص عزيز عليه، تقابله ابتسامة مبتذلة، ترافقها صيحة مبتذلة: «أنت، حتمًا، تؤلِّف شيئًا ما!». وإذا أحبَّ، تشتري حبيبته ألبومًا من المتجر الإنجليزي، وتنتظر قصائده في مدحها. وإذا زار شخصًا يكاد لا يعرفه ليتحدَّث معه في أمر مهمٍّ، ينادي ذلك الشخص ابنه ويرغمه على إنشاد أشعار أحدهم، ويُهدي الولد الشاعر أشعاره المشوَّهة. ما ذكرناه كلُّه من حسنات المهنة! فكيف، إذن، تكون سوءاتها؟ لقد

اعترف تشارسكي بأنَّ التحيَّات المرحِّبة، والأسئلة، والألبومات، وأشعار الأولاد أضجرته إلى حدٍّ جعله في كلِّ دقيقة مضطرًّا إلى منع نفسه عن ارتكاب فظاظة ما.

بذل تشارسكي كلَّ المحاولات الممكنة كي يتخلَّص من اللقب الذي لا يُطاق. تجنَّب جلسات إخوته الأدباء، وفضَّل عليها جلسات وجوه المجتمع، حتى تلك الأشد تفاهة. وكان حديثه من أكثر الأحاديث خواء، إنَّه لا يتحدَّث أبدًا عن الأدب. ويحرص دائمًا على أن تكون ملابسه «آخر موضة»، حِرْصَ موسكوفيٍّ شابٍّ يزور بيتربورغ للمرَّة الأولى في حياته. مكتبه، النظيف، المرتَّب، كغرفة نوم نسائية، خال من كلِّ ما يذكِّر بكاتب: لا كتب مبعثرة على الطاولات أو تحتها، لا بقع حبر على الأريكة، أو تلك الفوضى التي تجسِّد حضور ربَّة الإلهام «muse»، ولا غياب للمكنسة والفرشاة. كان تشارسكي يُصاب باليأس كلَّما ضبطه أحد أصدقائه من وجوه المجتمع ممسكًا بالريشة. من الصعب أن نتخيَّل إلى أي حدٍّ من الضآلة يمكن أن يصل إنسان متميِّز بالموهبة والروح. كان يتظاهر حينًا أنَّه مغرم أشدَّ الغرام بالخيول، وحينًا، بأنَّه مقامر متهوِّر، وحينًا ثالثًا، أنَّه طبَّاخ، ذوَّاقة مرهف الحسِّ، مع أنَّه لم يكن يميِّز البغال الجبلية من الخيول العربية، ولا يفهم أبدًا تصنيفات ورق اللعب، ويفضِّل في سرِّه البطاطا المشويَّة على شتَّى ابتكارات المطبخ الفرنسي الممكنة. لقد عاش حياة منفلشة إلى أبعد الحدود. كان يحضر حفلات الرقص كلَّها، وكان وجوده حتميًّا في كلِّ أمسية يُدعى إليها كوجود «مثلَّجات ريزان».

لكنَّه كان شاعرًا، وحبُّه للشعر أمر لا يُقهر: حين تتملَّكه تلك «القذارة» (هكذا كان يُسمِّي الإلهام) يُغلق على نفسه باب مكتبه ويظلُّ يكتب من الصباح حتى آخر الليل. وقد اعترف لبعض المخلِصين من أصدقائه أنَّه لا يشعر بالسعادة الحقيقية إلَّا حينذاك. أمَّا في الأوقات الأخرى فكان يمرح متصنِّعًا ومتظاهرًا بالرزانة، وهو يسمع في كلِّ لحظة السؤال الشهير: «ألم تكتب شيئًا جديدًا؟».

وفي صباح ذات يوم، أحسَّ تشارسكي بحالة روحية خصبة، حالة ترتسم

فيها أحلامك واضحة أمامك، وتمتلك فجأة كلمات حيَّة لتجسيد رؤياك، وتنصاع الأشعار بيُسر لريشتك، وتسرع القوافي الرنَّانة للقاء فكرتك الرشيقة. كانت روح تشارسكي غارقة في شرود لذيذ... غاب المجتمع، ورأي المجتمع، ونزواته الشخصية، عن الوجود بالنسبة إليه، وراح يكتب الشعر.

صرَّ باب مكتبه فجأة، وأطلَّ رأس رجل لا يعرفه، فأجفل تشارسكي وعبس.

سأل بانزعاج، وهو يشتم في داخله خدَمَه الذين لا يجلسون أبدًا عند المدخل:

- من هناك؟

دخل المجهول.

كان طويل القامة، نحيلًا، يبدو في الثلاثين. ملامح وجهه الأسمر المعبِّرة، جبين عالٍ شاحب اللون، تتدلَّى فوقه خصلات شعر أسود، وعينان سوداوان لامعتان، وأنف كأنف النسر، ولحية كثَّة تحيط بخدَّين غائرين أسمرين تشوبهما صُفرة، كانت تدلُّ على أنَّه أجنبي. كان يرتدي سترة طويلة سوداء بهتت أطرافها، وسراويل صيفية (رغم أنَّ الجوَّ في الخارج كان خريفيًّا تمامًا) وربطة عنق سوداء جرداء فوق قميص أصفر، التمعت عليها جوهرة مزيَّفة، ويعتمر قبَّعة خشنة الملمس منظرها يدلُّ على أنَّها شهدت الحرَّ والقرَّ. لو التقيتَ هذا الرجل في الغابة لعددته قاطع طريق، ولو التقيته في المجتمع لعددته متآمرًا سياسيًّا، أمَّا هنا، في المدخل، فمشعوذًا يتاجر بالأشربة الشافية والمخدِّر.

- «ماذا تريد؟»، سأله تشارسكي بالفرنسية.

أجابه الأجنبي وهو يحيِّيه بانحناءة كبيرة:

- Signor, Lei voglia perdonarmi se...[1]

لم يدعه تشارسكي للجلوس، بل نهض هو، واستمرَّ الحديث بينهما بالإيطالية.

---

(1) سيِّدي، أرجو المعذرة، لو سمحت لي أن...

- «أنا فنَّان من نابولي»، قال الرجل المجهول، «اضطرَّتني الظروف إلى ترك وطني، فجئتُ إلى روسيا آمِلًا أن تساعدني موهبتي على العيش».

فكَّر تشاريسكي أنَّ النابوليتاني ينوي تقديم بعض حفلات العزف على الفيولونسيل، ولذا فهو يوزِّع التذاكر على المنازل، وهمَّ بإعطائه الخمسة وعشرين روبلًا التي في جيبه والتخلُّص منه في أسرع وقت، لكنَّ الرجل المجهول أضاف:

- آمل يا سنيور أن تقدِّم مساعدة ودِّية لأخيك، فتُدخله إلى البيوت التي تدخل أنت نفسك إليها.

كان كلامه إهانة كبرى لكبرياء تشارسكي، الذي راح ينظر بتعالٍ إلى من سمَّى نفسه أخاه.

- «اسمح لي أن أسألك من أنت؟ ومن أنا في نظرك؟»، سأله وهو يكتم غضبه بصعوبة.

لاحظ النابوليتاني غضبه، فأجابه متلعثمًا:

- Signor, ho creduto ... ho sentito... la vostra Eccelenza mi perdonera...(1)

- «ماذا تريد؟»، كرَّر تشارسكي سؤاله بجفاء.

- لقد سمعت الكثير عن موهبتكم المدهشة، وأنا واثق من أنَّ السادة هنا يتشرَّفون بتقديم شتَّى أنواع الدعم لشاعر مشرق مثلك، لذا تجرَّأت ولجأت إليك...

- «أنت مخطئ يا سنيور»، قاطعه تشارسكي، «مرتبة الشعراء ليست موجودة عندنا. شعراؤنا لا يحظون بحماية السادة. شعراؤنا، هم أنفسهم، سادة، وإذا كان وجهاؤنا (ليأخذهم الشيطان!) لا يعرفون هذا، فذلك أسوأ لهم. نحن ليس عندنا فقراء يستأجرهم الموسيقي

---

(1) أنا ظننت يا سنيور... أنا عددت... أنَّ سموَّكم سيسامحني...

من الشارع ليكتبوا له Libretto⁽¹⁾. الشعراء عندنا لا يمشون من بيت إلى بيت طالبين المساعدة. بالمناسبة، أظنُّهم كانوا يمزحون حين قالوا لك إنِّي مبدع أشعار عظيم. صحيح أنِّي كتبت في وقت ما بعض القصائد الهجائية القصيرة، الرديئة، لكن ليس لي، والحمد لله، ما يجمعني والسادة الشعراء، ولا أريد أن يكون لي ذلك».

ارتبك الإيطالي المسكين، وصار يتلفَّت حول نفسه. اللوحات والتماثيل المرمرية، والبرونزية، والدمى الغالية الثمن الموضوعة على رفوف الخزائن القوطية الطراز أدهشته. وفهم أنَّه ما من شيء يجمع بين هذا الـ dandy المتعالي الواقف أمامه بقبَّعته الحريرية السوداء المزيَّنة بالفراء، وثوبه المنزلي الصيني المذهَّب، وشاله التركي، وبينه، هو الفنان الفقير المتجوِّل بربطة عنق جرداء، وسترة طويلة مهترئة، فنطق ببعض الاعتذارات غير المترابطة، ثم انحنى محيِّيًا وهمَّ بالخروج. منظره المحزن أثَّر في تشارسكي، الذي كان، على الرغم من بعض الهنَّات الصغيرة في طبعه، صاحب قلب طيِّب ونبيل، فشعر بالخجل من غضبه لكبريائه.

- «إلى أين تذهب؟ انتظر»... قال للإيطالي، «لقد كان من واجبي أن أنفي عنِّي اللقب الذي لا أستحقُّه، والاعتراف لك بأنِّي لست شاعرًا. والآن، دعنا نتحدَّث عن شؤونك. أنا مستعدٌّ لأن أقدِّم لك كلَّ ما أستطيع من مساعدة. هل أنت موسيقي؟».
- «لا، Eccelenza⁽²⁾»، أجاب الإيطالي، «أنا فنَّان ارتجالي مسكين».
- «فنَّان ارتجالي!»، صاح تشارسكي وقد أدرك قساوة تعامله معه، «لماذا لم تقل من قبل أنَّك فنَّان ارتجالي؟».

وراح يشدُّ على يده، يساوره شعور صادق بالندم.

---

(1) نصٌّ يُكتب ليُغنَّى مع اللحن.

(2) يا صاحب السموِّ.

مظهره الودود أنعش الإيطالي، فتحدَّث ببساطة عن توقُّعاته. لم يكن مظهره مخادعًا، لقد كان بحاجة إلى النقود، لكنَّه أمِل أن يحسِّن ظروفه المعاشية في روسيا. وقد سمعه تشارسكي بانتباه.

- «آمل أن تنجح»، قال للفنَّان المسكين، «فالمجتمع هنا لم يسمع من قبل أبدًا بالفنَّان الارتجالي. سيُثير ذلك فضولهم. صحيح أنَّ اللغة الإيطالية لا تُستخدم عندنا، وهم لن يفهموا ما تقول، لكنَّ ذلك ليس مشكلة، المهمُّ أن يكون فنُّك 'موضة'».

- «لكن»، قال الفنان الارتجالي بعد تفكير، «إذا لم يكن عندكم من يفهم الإيطالية، فمن الذي سيأتي ليسمعني؟».

- سيأتون، لا تخف! بعضهم سيأتي بدافع الفضول، وبعضهم سيأتي ليقضي أمسيته بشكل ما، وبعض ثالث سيأتي ليتظاهر بأنَّه يفهم اللغة الإيطالية، أكرِّر: المطلوب هو فقط أن يكون فنُّك 'موضة'، وأنا أؤكِّد لك أنَّه صار منذ الآن 'موضة'، وها أنذا أمدُّ لك يدي معاهدًا على ذلك.

ودَّع تشارسكي الفنَّان الارتجالي بمودَّة، بعد أن أخذ عنوانه، ثم ذهب في المساء نفسه يسعى من أجله.

الفصل الثاني

أنا قيصر، أنا عبد، أنا دودة، أنا إله.

درجافين

عثر تشارسكي في اليوم التالي على الغرفة رقم 35 في ممرٍّ نُزُل مُعتم قذر. وقف عند الباب وطرقه، ففتح إيطاليٌّ البارحة له الباب.

- «انتصرنا!»، قال له تشارسكي، «قضيَّتك وجدت حلَّها. الأميرة -- تقدِّم لك صالتها. البارحة استطعت، على حفل العشاء، أن أجنِّد نصف بيتربورغ. اطبع التذاكر والإعلانات. أؤكد لك أنَّ الحفل، إذا لم يكن نصرًا عظيمًا، فهو، على الأقل، سيحقِّق دخلًا»...
- «وهذا هو المهمُّ!»، صاح الإيطالي معلنًا ابتهاجه عبر حركات يتَّسم بها طبعه الجنوبي، «لقد عرفت أنَّك ستساعدني! Corpo di Bacco![1] أنت شاعر مثلي أنا، والشعراء، أيًّا كان رأيك فيهم، فتيان أمجاد! كيف أعبِّر لك عن شكري؟ انتظر... هل تريد أن تسمع نصًّا مرتجلًا؟».
- نصٌّ مرتجل! هل تستطيع أن تفعل ذلك من دون جمهور، ومن دون موسيقى، ومن دون هدير التصفيق؟
- هراء، هراء! أين يمكن أن أجد جمهورًا أفضل منك؟ أنت شاعر، أنت تفهمني خيرًا منهم، وتشجيعك الهادئ أغلى عندي من عاصفة تصفيق كاملة... اجلس حيث تشاء وأعطني موضوعًا للارتجال.

---

(1) يا للشيطان!

جلس تشارسكي على حقيبة (أحد الكرسيَّين الموجودين في الغرفة الضيِّقة كان مكسورًا، وعلى الآخر تكدَّست كومة من الملابس والورق). وأخذ الفنَّان الارتجالي الغيتار عن الطاولة وراح يضبط أصوات الأوتار أمام تشارسكي بأصابعه النحيلة، منتظرًا أن يقترح عليه موضوعًا.

قال له تشارسكي:

- هاك هذا الموضوع: الشاعر يختار بنفسه موضوع أغانيه، فالعامَّة لا تملك الحقَّ في توجيه إلهامه.

التمعت عينا الإيطالي، عزف نغمات من مستويات مختلفة، ثم رفع رأسه باعتزاز، وانطلقت العبارات والتعابير المتوهِّجة بالمشاعر الآنية، رشيقة من شفتيه... وها نحن نوردها كما رواها بتصرُّف أحد الأصدقاء نقلًا عن تشارسكي:

«الشاعر يمشي بجفون مفتوحة
لكنَّه لا يرى أحدًا
يشدُّ أحد المارَّة
كمَّ ثوبه ويقول له:
ما الذي يجعلك تمشي بلا هدف؟
أنت، ما إن بلغت القمَّة،
حتى رحت تنظر من علٍ
وتسعى سريعًا إلى الانحدار نحو الأسفل
ترى العالم العامر بعينين غائمتين
يرهقك قيظ عقيم،
يقلقك ويجذبك في كلِّ لحظة
موضوع تافه.
العبقري يجب أن ينطلق نحو السماء،
والشاعر الحقُّ مُلزَم
باختيار المواضيع السامية

لأناشيده الملهمة.
ما الذي يجعل الريح تهبُّ إعصارًا في الوادي
يجرف أوراق الشجر ويُثير الغبار
بينما تقف السفينة في الضباب الساكن
تنتظر بلهفة هبوب الريح؟
وما الذي يجعل النسر يهبط ثقيلًا ومخيفًا
من الجبال، ويتجاوز أبراج الحصون،
ليحطَّ على بقايا جذع شجرة يابس؟ اسأله.
واسأل ديدمونة الصبيَّة:
لماذا أحبَّت ذاك المغربي،
ولماذا يحبُّ القمر ضباب الليل؟
ما يجعل ذلك يحدث هو أنَّه ما من قانون
يحكم الريح والنسر وقلب الصبيَّة،
كذلك هو الشاعر، مثل الإعصار، يثور حيث يشاء ويجرف ما يشاء،
ويطير كما يطير النسر،
ويختار حبيبة كديدمونة،
من دون أن يطلب الإذن من أحد».
صمت الإيطالي... وظلَّ تشارسكي صامتًا، دهِشًا ومتأثِّرًا بما سمع.
- «ما رأيك؟»، سأله الفنَّان الارتجالي.
فأمسك تشارسكي يده وشدَّ عليها بقوَّة.
- «ماذا تقول؟ كيف وجدتني؟»، سأل الفنَّان الارتجالي ثانية.
- «هذا مدهش»، أجاب الشاعر، «عجيب! تلامس أذنك فكرة إنسان آخر، فتصير فكرتك أنت، وكأنَّك أنت من حملها، وهدهدها، ونمَّاها من دون تلكُّؤ. أهكذا أنت، لا تبذل الجهد، ولا تعاني الإحباط، ولا تشعر بذلك القلق الذي يسبق الإلهام؟ هذا مدهش، مدهش!».

أجاب الفنَّان الإيطالي الارتجالي:

- تفسير أيَّة موهبة أمر مستحيل. تُرى، كيف يرى النحَّات جوبيتير مخفيًّا في قلب قطعة المرمر، فيخرجه إلى النور، محطِّمًا بالمطرقة والإزميل الغلاف الذي يُخفيه؟ وكيف تخرج الفكرة من رأس الشاعر مسلَّحة بأربع قوافٍ، ومصوغة بخطوات عروضية متساوية؟ لا أحد غير الفنان الارتجالي، يستطيع أن يفهم هذه السرعة في التأثير، وهذه العلاقة الوثيقة بين إلهامك الخاصِّ ورغبة الآخر التي هي خارج ذاتك. لقد كان بودي أن أوضِّح ذلك، ولكن... لا بدَّ من التفكير بأمسيتي الأولى. ماذا تقترح؟ أيُّ سعر يجب أن أحدِّد للبطاقة، كيلا يكون باهظًا بالنسبة للجمهور، ويحقِّق لي ربحًا في الوقت نفسه؟ يقولون إن La signora Catalani[1] قبضت 25 روبلًا ثمنًا للبطاقة. هذا ثمن جيِّد...

لم يرُقْ لتشارسكي أن يهبط فجأة من ذروة الشعر إلى درج بائع التذاكر، لكنَّه كان يفهم جيِّدًا الضرورة المعيشية، لذا دخل مع الإيطالي في مناقشة الأسعار والحسابات. وقد أظهر الإيطالي في هذا المجال طمعًا وحشيًّا، وحبًّا ساذجًا قويًّا للربح، أثار قرف تشارسكي الذي سارع إلى تركه قبل أن يضيع كلُّ إعجابه به بوصفه فنَّانًا ارتجاليًّا رائعًا.

لم يلاحظ الإيطالي المنهمك في حساباته هذا التغيُّر في مزاج تشارسكي، فرافقه مودِّعًا في الممرِّ وعلى دَرج البناء، وهو يعبِّر له عن امتنانه العميق لجميله الذي لن ينساه أبدًا.

(1) السيِّدة كاتالينا.

الفصل الثالث

ثمن البطاقة 10 روبلات
بداية الحفل في الساعة 7
إعلان

وُضعت صالة الأميرة -- تحت تصرُّف الفنَّان الارتجالي. تمَّ تجهيز المنصَّة، ووضعت الكراسي اثني عشر صفًّا في القاعة. وفي اليوم المحدَّد أضيئت الصالة في الساعة السابعة مساء، وجلست عند الباب، أمام طاولة لبيع البطاقات واستلامها، امرأة عجوز طويلة الأنف تعتمر قبَّعة رمادية مزيَّنة بريشات مكسَّرة، وتضع خواتم في كلِّ أصابعها. ووقف رجال الجندرمة عند مدخل البناء. وبدأ الناس بالقدوم إلى المكان. كان تشارسكي من أوائل الحاضرين. لقد أسهم إسهامًا كبيرًا في نجاح الحفل، وأراد أن يرى الفنَّان الارتجالي ليعرف إن كان راضيًا عن الإعداد للحفل. وجد الإيطالي في غرفة جانبية ينظر إلى الساعة بنفاد صبر. كان يرتدي ثيابًا مسرحية سوداء من الرأس حتى القدمين، وياقة قميصه المزيَّنة بالدانتيل مردودة إلى الخلف، فبرزت رقبته العارية، البيضاء بياضًا غريبًا، متميِّزة تميُّزًا ساطعًا عن لحيته الكثيفة السوداء، وتدلَّى شعره خصلات أحاطت بجبينه وحاجبيه. كلُّ ذلك أثار نفورًا شديدًا عند تشارسكي الذي لم يرُق له أن يرى شاعرًا بلباس «مشخَّصاتي» جوَّال، لذا عاد بعد حديث قصير إلى الصالة التي أخذت تمتلئ أكثر فأكثر بالناس.

امتلأت المقاعد المصفوفة سريعًا بالسيِّدات اللامعات، ووقف الرجال صفًّا متراصًّا قرب المنصَّة وعلى طول الجدار حتى آخر صفٍّ من المقاعد. وشغل

الموسيقيون مع حوامل نوتاتهم جانبَي المنصَّة. وانتصبت على طاولة في الوسط مزهرية من البورسلان. كان الجمهور غفيرًا. وراح الجميع ينتظرون البداية بفارغ الصبر. وأخيرًا، دبَّت الحركة في منتصف الثامنة بين الموسيقيين، جهَّزوا آلاتهم، وعزفوا لحنًا من مقدِّمة أوبرا «تانكريدا». جلس الجميع في أماكنهم وصمتوا، وارتفعت آخر نغمات اللحن الأوبرالي...

استقبلوا الفنَّان الارتجالي بتصفيق حادٍّ ارتفع من جميع الجهات، فراح يُحيِّي الجمهور بانحناءات كبيرة وهو يقترب من حافَّة المنصَّة.

انتظر تشارسكي بقلق الانطباع الذي ستتركه الدقيقة الأولى، لكنَّه لاحظ أنَّ الزيَّ الذي بدا له غير لائق، لم يترك الانطباع نفسه عند الجمهور، بل إنَّ تشارسكي ذاته لم يجد أيَّ شيء مضحك فيه حين رأى الفنَّان الشاحب الوجه على المنصَّة المضاءة إضاءة شديدة بالكثير من المصابيح والشموع. هدأ التصفيق، وصمتت الهمهمة. وطلب الإيطالي بلغة فرنسية ركيكة من السادة الحاضرين أن يحدِّدوا له عدَّة موضوعات ويدوِّنوها على أوراق خاصَّة، فراح الجميع، أمام هذه الدعوة غير المتوقَّعة، يتبادلون النظرات في صمت، ولم يقل أيٌّ منهم شيئًا. انتظر الإيطالي قليلًا ثم كرَّر طلبه بصوت خجول. كان تشارسكي يقف عند حافة المنصَّة مباشرة، يتملَّكه القلق إذ أحسَّ أنَّ الأمر لن يتمَّ من دون تدخُّله، وأنَّه سيكون مضطرًّا إلى أن يقترح موضوعًا. وقد حدث فعلًا أن أدارت سيِّدات عدَّة رؤوسهنَّ نحوه، ورحن ينادينه بصوت منخفض في البداية، ثم بصوت أعلى، فأعلى. حين سمع الفنَّان الارتجالي، اسمه، أخذ يبحث عنه، فوجده عند قدميه، فأعطاه قلم رصاص وقطعة من الورق، مبتسمًا له بمودَّة. بدا تشارسكي كارهًا جدًّا لأداء أيِّ دور في هذه الكوميديا، لكنَّه لم يكن قادرًا على الرفض. أخذ القلم والورقة من يد الإيطالي، وكتب بضع كلمات، أمَّا الإيطالي فأخذ المزهريَّة عن الطاولة ثم نزل عن المنصَّة، وقرَّبها من تشارسكي الذي ألقى فيها موضوعه المقترح. تأثَّر آخرون بفعله، فعدَّ صحفيَّان، بوصفهما أديبين، أنَّ من واجب كلٍّ منهما كتابة اقتراح بموضوع، وألقى أمين سرِّ السفارة النابوليتانية

وشابٌّ عاد منذ فترة قريبة من رحلة سياحية في فلورنسا، بورقتيهما المطويَّتين في المزهرية، وأخيرًا، كتبت فتاة غير جميلة بأمر من أمِّها، بضعة أسطر بالإيطالية، ثم أعطتها للفنَّان الارتجالي وقد دمعت عيناها، واصطبغ وجهها، حتى شحمتي أذنيها، بالحمرة، تتابعها أعين السيِّدات بصمت وبابتسامات ساخرة لا تُلحظ. بعد ذلك عاد الفنَّان الارتجالي إلى المنصَّة، فوضع المزهرية على الطاولة، وراح يُخرج منها الورقات واحدة، فواحدة، ويقرؤها بصوت عالٍ:

- La famiglia dei Cenci. L'ultimo giorno di pompeia. Cleopatra e i suoi amanti. La primavera veduta da una prigione. Il trionfo di Tasso.[1]

سأل الإيطالي باستسلام:

- بماذا يأمر الجمهور الكريم؟ هل سيحدِّد لي، هو نفسه أحد هذه المواضيع، أم نترك الأمر للقرعة؟
- «نتركه للقرعة»، قال أحد الأصوات في الحشد.
- «للقرعة، للقرعة»... كرَّر الجمهور.

نزل الفنَّان الارتجالي مجدَّدًا عن المنصَّة ممسكًا بيده المزهرية، وسأل: «من سيتفضَّل ويسحب الورقة؟». طاف بنظراتِ رجاء على الصفوف الأمامية، فلم تتحرَّك أيَّة سيِّدة من السيِّدات اللامعات الجالسات هناك. وبدا أنَّ ذلك آلم الفنَّان الارتجالي، الذي لم يعتد على لامبالاة أهل الشمال. وفجأة لاحظ يدًا بقفَّاز أبيض صغير مرفوعة في أحد الجوانب، فاندفع نحوها بحيويَّة، واقترب من شابَّة حسناء وجيهة المظهر، تجلس في آخر مقعد في الصفِّ الثاني. نهضت الفتاة، ومن دون أيِّ ارتباك، وببساطة متناهية أدخلت يدها الارستقراطية في المزهرية وسحبت ورقة مطويَّة.

---

(1) أسرة تشينشي. آخر أيّام بومبي. كيلوباترا وعشّاقها. الربيع من النّافذة. انتصار تاسو الباهر.

- «افتحيها، لو سمحتِ، واقرئيها»، قال لها الفنَّان الارتجالي.

فتحت الحسناء الورقة وقرأتها بصوت مسموع:

- Cleopatra e i suoi amanti[1].

قيلت هذه الكلمات بصوت خافت، لكنَّ الهدوء الذي ساد المكان جعلها مسموعة للجميع. انحنى الفنَّان الارتجالي انحناءة كبيرة للسيِّدة الجميلة معبِّرًا عن امتنانه العميق، ثم عاد إلى منصَّته.

- «أيُّها السادة»، قال مخاطبًا الجمهور، «لقد حدَّدت القرعة موضوع كليوباترا وعشاقِّها لارتجاله. أرجو أن يتكرَّم من اختار هذا الموضوع فيحدِّد لي العشَّاق الذين يقصدهم في اقتراحه، perché la grand regina n'aveva molto»...[2]

ضحك رجال كثيرون بصوت عالٍ لدى سماع هذه الكلمات، فارتبك الفنَّان الارتجالي بعض الشيء.

تابع الفنان كلامه:

- أودُّ أن أعرف المرحلة التاريخية التي يلمِّح إليها من اقترح هذا الموضوع... وسأكون ممتنًّا جدًّا إذا تكرَّم ووضَّح لي ذلك.

لم يسارع أحد للإجابة. والتفتت عدَّة سيِّدات بأبصارهنَّ نحو الفتاة غير الجميلة التي اقترحت موضوعًا بأمر من أمِّها. لاحظت الفتاة المسكينة هذا الاهتمام غير الودود فارتبكت ارتباكًا شديدًا وبلَّلت الدموعُ رموشها... لم يستطع تشارسكي تحمُّل ذلك المشهد، فقال مخاطبًا الفنَّان الارتجالي باللغة الإيطالية:

- أنا من اقترح الموضوع، وقد عنيت بذلك شهادة أفريلي فيكتور الذي كتب يقول: إنَّ كليوباترا حدَّدت الموت ثمنًا لحبِّها، ومع ذلك وُجِد

(1) كليوباترا وعشَّاقها.

(2) لأنَّ الملكة العظيمة كان لها الكثير...

مولعون بها لم يُخِفْهم هذا الشرط، ولم يردعهم... لكن يبدو أنَّ هذا الموضوع صعب إلى حدٍّ ما... ألا ترغب في اختيار غيره؟

غير أنَّ الفنَّان الارتجالي كان في هذه الأثناء قد أحسَّ بسموِّه إلى مرتبة الآلهة... أعطى إشارته للموسيقيين كي يبدؤوا العزف.. وبدا وجهه شاحبًا شحوبًا مخيفًا، وراح يرتجف كمن أصابته حمَّى؛ التمعت عيناه بلهيب عجيب، ورفع بيديه خصلات شعره الأسود، ومسح بمنديله جبينه الذي غطَّته حبَّات العرق، ثم خطا فجأة نحو الأمام، وصالب يديه على صدره... صمتت الموسيقى وبدأ العرض الارتجالي:

«تلألأ القصر بالنور وصدحت الجوقة بالغناء
تُرافقها المزامير والآلات الوترية
وملأت القيصرة بصوتها ونظراتها
وليمتها الفاخرة بالحيوية
فهرعت القلوب نحو عرشها
وفجأة، وفي يدها كأسها الذهبية
داهمتها الأفكار، فأحنت لبرهة
رأسها الجميل في صمت...
هدأ الحفل كأنَّما أصابه النعاس
سكت الضيوف، وصمتت الجوقة
لكنَّ القيصرة رفعت رأسها من جديد
قالت لهم بوجه مشرق وصوت واضح:
'أترون في ممارسة الحبِّ معي متعة؟
أنا أبيعكم هذه المتعة.
افهموني: أنا
سأقيم المساواة فيما بيننا.
من سيُقدم على شراء الحبِّ؟

أنا أعرض حبِّي للبيع.
قولوا لي: من منكم يشتريه،
ويدفع حياته ثمنًا لليلة معي؟
أقسم... أقسم يا أمَّ اللَّذات،
سأخدمك كما لم يخدمك أحد من قبل
سأصعد كامرأة مأجورة من البسطاء
إلى سرير إغراءات الهوى
افهميني يا كليبريدا الجبَّارة،
وأنتم يا ملوك العالم السفلي.
ويا آلهة عالم الموتى الرهيب
أقسم، سأُغرق حتى الإعياء
بحلاوات الهوى
وبكلِّ أسرار المداعبة
شهواتِ مُلَّاكي حتى الفجر
وسأروي ظمأهم للنشوة المدهشة.
لكن، حين يطلع الفجر
وتشعُّ إلهته الخالدة أفرورا
أقسم، ستسقط تحت حدِّ المقصلة
رؤوس أصحاب الحظِّ السعيد».
قالت ذلك، فتملَّك الرعب الجميع،
وخفقت القلوب بالهوى...
أمَّا هي فأصغت بوجه بارد جريء
إلى همهمتهم المرتبكة
وطافت بنظرة ساخرة
على عاشقيها المحيطين بها...

وفجأة خرج واحد من بين الحشد
وتبعه اثنان آخران.
كان خطوهم جريئًا، وعيونهم صافية،
نهضت لملاقاتهم: قُضي الأمر،
وتمَّ شراء ليالٍ ثلاث
ونادى فراش الموت المشترين.
هؤلاء الذين باركهم الكهنة
ينتظرون الآن، أمام السلَّة المصيرية،
وتحت أبصار الضيوف الجالسين من دون حراك،
أن تحدِّد القرعة موعد كلٍّ منهم.
الأوَّل كان فيلافيوس المقاتل الشجاع
الجندي في الفرقة الرومانية
لم يحتمل من زوجته
تعاليها واحتقارها له،
فقبل تحدِّي المتعة
كما كان يقبل في أيَّام الحرب
تحدِّي المعركة الحامية الوطيس
والتالي كان كريتون الحكيم الشابَّ
الذي وُلد في غابات إيبيكور
كريتون هذا عاشق ومغنٍّ
تحبُّه قلوب وعيون آلهة الحبِّ والشهوة
حاريت وكيبريدا وآمور...
وكبرعم زهرة ربيعية يُوشك أن يتفتَّح
كان الثالث الأخير الذي لم تسمِّه القرعة
خدَّاه يكسوهما زغب ناعم لطيف،

وفي عينيه تُشعُّ الحماسة،
تغلي في قلبه الفتيِّ
قوَّة اشتهاء لا تمتلك الخبرة
وعليه تركَّزت نظرات القيصرة
المشبعة بالحبِّ والرجاء»...

- انتهى -

المحتويات

مقدِّمة: التنوير في أعمال بوشكين النثرية	7
قصص بيلكين	15
الطلقة	23
عاصفة ثلجيَّة	41
الحانوتي	57
ناظر المحطَّة	67
النبيلة - الفلَّاحة	81
تاريخ قرية غوريوخينو	105
روسلافليف	127
بنت البستوني	141
الليالي المصرية	177